우선
멈춤

당신이 하나님을 더 깊이 알아 가고 더 널리 알리는 사람이 되는 것, 이 책에 담긴 예수전도단의 마음입니다. 말씀을 통해 저자가 깨닫고, 원고를 통해 저희가 누릴 수 있었던 그 감동이 책을 통해 당신에게도 전해지기 원합니다. 그리고 당신을 통해 그 기쁨과 은혜가 더 많은 이들에게 계속해서 흘러가기를 기도하겠습니다. 이 책을 통해 당신이 받은 은혜를 다른 분들에게도 나눠 주십시오. 사랑하고 축복합니다.

ⓒ 박해영 2018

본 저작물의 저작권은 도서출판 예수전도단에 있습니다.
저작권법에 의해 보호받는 저작물이므로 무단 전재와 복제를 금합니다.

우선 멈춤
Stop Sign

박해영 지음

예수전도단

추천사

/ 가나다 순

『우선멈춤』은 하나님의 선교 이야기다. 이 책은 하나님께서 저자의 생애 가운데 필요할 때마다 잠시 멈추게 하심으로 하나님의 선교를 이루어 가시는 이야기다. 『우선멈춤』은 기다림의 이야기다. 저자는 기다림은 결코 낭비가 아니며, 기다림의 시간에 하나님은 더욱 놀라운 일을 이루신다는 사실을 증언한다. 『우선멈춤』은 기도 이야기다. 저자는 기도의 사람이다. 나는 오랫동안 저자와 함께 교제하고 동역하면서 저자가 기도하는 모습을 지켜보았다. 또한 저자는 수많은 사람을 기도하도록 만드는 중보기도 사역자다. 이 책 속에는 저자가 선교 현장에서 드린 기도가 어떻게 응답되는 가를 보여주는 기도 이야기로 가득 차 있다.

『우선멈춤』은 하나님의 섭리 이야기다. 이 책은 하나님이 어떻게 모든 것을 합력하여 선을 이루시는 가를 보여준다. 하나님은 우리의 실수와 실패와 좌절과 고통을 통해 더욱 놀라운 일을 이루시는 분이다. 이 책은 하나님이 우리의 고난을 결코 낭비하지 않으시며, 오히려 선용하신다는 사실을 깨우쳐 준다. 『우선멈춤』은 순종을 가르쳐주는 책이다. 위기의 순간마다 잠시 멈추어 하나님의 음성을 듣고, 그 음성에 순종하는 이야기다. 『우선멈춤』은 사랑의 이야기다. 하나님의 사랑으로 어떻게 몽골인들을 사랑했는가를 보여주는 사랑 이야기다. 그래서 감동과 울림과 깨우침을 준다. 이 책을 선교적 삶을 추구하는 모든 그리스도인에게 추천하고 싶다. 선교를 통해 하나님의 일을 이루기 원하는 영적 지도자들과 선교 지도자들에게 추천하고 싶다.

강준민
LA 새생명비전교회 담임

『우선 멈춤』은 하나님 나라의 도래와 하나님의 뜻 구현을 위해 살아온 열정의 사람, 순종의 사람인 박해영 선교사의 삶과 사역에 관한 이야기이다.

이 책에서 저자는 30여 년간 주님과 동행하며 사역하는 동안 배운 진리를 이야기한다. 그는 YWAM을 만나 어떻게 영적인 변화를 경험했으며, 어떻게 타 문화권 사역자로 헌신하게 되었는지, 그리고 어떤 삶을 살아왔고, 어떤 사역을 해왔는지를 이야기하고 있다. 하나님께서 박 선교사와 가족의 삶 가운데 구체적으로 행하신 일들을 말이다.

나는 가까이에서 박 선교사의 삶을 관찰하고 그가 전파하는 메시지를 들으며 교제하는 시간을 가져왔다. 주께서 가라 하시면 가고, 멈추라 하시면 멈추고, 돌아가라 하시면 돌아가는 삶을 사는 모습을 지켜보았다.

그는 이 책을 통해 모든 그리스도인과 사역자들에게 이것을 말하고 있다. 출애굽 한 이스라엘이 불 기둥과 구름 기둥이 움직이면 움직이고, 멈추면 멈추었던 것처럼 성령님의 인도하심을 따라 나아가고 멈추고 하는 삶을 살아야 한다고 말이다.

박기호
풀러신학교 선교대학원 교수, 동서선교연구개발원 원장

우선멈춤…. 미국에서 자동차를 운전하다 보면 교차로에서 꼭 우선 멈춤을 해야 합니다. 그러나 이것은 영구적인 멈춤이 아니라 그다음 진로를 진입하기 위한 안전수칙입니다.

동아시아 지역에서 오랫동안 하나님의 나라를 섬겨온 저자의 이야기를 이렇게 책으로 볼 수 있게 되어서 정말 감격스럽습니다. 그리고 '우선멈춤' 기간을 보낸 저자의 그다음 이야기가 앞으로 어떻게 전개될지 기대됩니다.

저는 여기 나오는 많은 이들을 얼굴로, 이름으로 익히 알고 있습니다. 어떤 일은 직접 연관이 있기도 합니다. 그래서 저는 이 이야기들을 큰 감동으로 읽었습니다. 그리고 이제 더 큰 감동으로 이 책을 추천합니다.

박석건
한국 예수전도단 대표

박해영 선교사님을 알게 된 것은 제게 놀라운 특권입니다. 우리는 18년 전 몽골의 아름다운 수도 울란바토르에서 처음 만났습니다. 저는 그때 몽골에서 국제 NGO 사역을 책임질 YWAM 신임 대표자였고, 박해영 선교사님은 몽골에서 선교사 리더 중 한 분이셨습니다. 우리는 그렇게 YWAM에서 함께 하나님 나라를 섬겼습니다.

그는 열정의 선교사입니다. 지적이고 창조적인 비전으로 충만하고, 기업가 정신이 뛰어난 인재입니다. 그리고 무엇보다도 우리 주 예수님과 선교에 대한 열정으로 가득한 믿음의 사람입니다.

박 선교사님의 소중한 간증이 담긴 『우선멈춤』이 출간되어 얼마나 기쁜지 모릅니다. 그의 오랜 사역 가운데 역사하신 주님을 만나게 되어 더욱 기쁘고 감사합니다. 주님이 박 선교사님을 축복하시고, 또 이 책을 읽는 여러분에게 놀라운 통찰력을 주시기를 기도합니다.

시므온 시아우(Simeon Siau)
YWAM 동북아시아 책임자

하나님께서 한 사람의 삶을 통해서 당신의 큰 계획을 나타내시고 이루어 가심을 봅니다. 특별히 하나님을 신뢰하고 순종의 걸음을 내딛는 사람을 통해서 일하셨습니다. 아브라함이 그랬고, 여호수아가 그랬습니다.

지난 20년간 박해영 선교사님을 알고 교제하면서 떠오르는 단어는 '동행'입니다. 하나님이 말씀하실 때 나아가기도 하지만 멈추라고 하실 때 겸손하게 멈추는 믿음으로 동행하셨습니다. 선교사님은 하나님과 동행할 뿐 아니라 몽골 그리고 동아시아에서 그렇게 사람들을 사랑하며 동행하며 살아오셨습니다.

오늘도 하나님과 동행하고 싶어 하는 많은 사람에게 이 책이 좋은 모델과 격려가 되리라 확신합니다. 저도 잠깐 멈춰서 선교사님의 이야기를 읽으며 하나님과 동행하는 저의 삶을 돌아보고 싶습니다.

이창훈
제주열방대학 대표

또 네가 많은 증인 앞에서 내게 들은 바를 충성된 사람들에게 부탁하라. 그들이 또 다른 사람들을 가르칠 수 있으리라(딤후 2:2)

바울은 디모데에게 "들은 바"를 부탁할 사람에 대하여 명확하게 정의를 내렸다. 첫째는 충성된 사람이다. 즉 어떠한 상황이나 형편에 따라 행동하지 않고, 끝까지 변치 않는 마음으로 맡긴 것을 이루어 내는 사람이다. 두 번째는 배가할 줄 아는 사람이다. 들은 바를 자기의 삶에 적용하여 살아낼 뿐 아니라 그것을 또 다른 사람에게 전달할 줄 아는 사람이다. 충성된 사람을 만나기도 쉽지 않지만, 충성 되고 배가할 줄 아는 사람을 찾기는 더 쉽지 않다.

박해영 선교사는 충성된 사람이요 또한 배가할 줄 아는 사람이다. 그를 처음으로 몽골로 파송한 이후 나는 그의 사역을 살피며 때로는 동참하고, 때로는 조언하면서 주께서 그를 통하여 어떻게 그 땅에 이루어 가시는지를 보았다. 그는 많은 장애물에 부딪혔지만 포기하거나 물러서지 않았다. 열악한 환경에서도 주의 뜻을 펼치는 개척자였다. 자기 혼자 일하지 않고 언제나 많은 사람을 일으키며 그들에게 일할 수 있는 기회를 주었다. 그는 자신의 경험이나 지식, 능력을 의지하지 않고, 오직 성령의 능력으로 맡겨진 일을 하여야 한다는 것을 철저히 알았기에 성령을 의지했다. 그리고 기도를 응답하시는 주 앞에 무릎으로 살았다.

그는 "하나님의 나라가 임하옵시고"라는 주의 기도에 대하여 명확하게 이해하고, 그것이 이루어지도록 전력을 다했다. 몽골의 제2 도시 다르항에 주의 나라가 임하기를 위해 전략을 구상하고 여러 가지 사역을 일으켰다. 그래서 그가 그곳을 떠난 후에도 다르항은 계속 변화되고 있다. 참으로 아름다운 열매이다. 그는 주님의 주권적 섭리와 때를 아는 사람이다. 그러기에 주께서 '우선멈춤'이라 하실 때는 기꺼이 순복했다. 그가 몽골을 떠나 캘리포니아에 머물 때도 주어진 상황에서 최선을 다했다. 하지만 그의 마음은 언제나 몽골에 가 있었다. 그는 몽골에 심장을 두고 온 사람이다.

끝으로 그가 이러한 놀라운 사역을 감당할 수 있었던 것은 그의 동역자요, 조언자인 그의 아내 김미원 선교사가 있었기 때문이다. 그녀는 언제나 말없이 그림자처럼 박해영 선교사와 동행했다. 나는 이들이 자랑스럽다. 그리고 사랑한다.

홍성건
현 NCMN 대표, 전 국제 YWAM 동아시아 책임자

프롤로그

나는 와이웨머(YWAMer)다

나는 17살이 되던 해에 하나님을 인격적으로 만났다. 자칫 명목상 그리스도인이 되려던 아슬아슬한 찰나였다. 그 후 하나님의 특별한 부르심을 받고 1989년, 스페인에 평신도 사역자로 가게 되었다. 그곳에서 한 해 동안 태권도를 통한 사역을 하다가 한국에 돌아왔다. 같은 교회에서 가깝게 지내던 형제가 부산 예수전도단YWAM:Youth With A Mission을 소개해 주어 화요모임에 처음 참석하게 되었다.

그날이 내 인생을 뒤바꿔놓았다. 제일 뒤편에 어색하게 앉아 있다가 찬양 속에 역사하시는 하나님의 임재를 강하게 경험했다. 그날의 강렬하고도 도전적인 선교에 대한 말씀은 나를 지금까지 예수전도단의 사역자로 있게 했다. 4대째 보수 교단에서 자라온 터라 예수전도단의 모든 것이 생소했지만 하나님과의 친밀함, 하나님의 음성을 듣는 삶, 묵상, 중보기도, 예배 등 모든 것이 나에게는 삶과 소망의 도전으로 다가왔다.

1990년, 부산 예수전도단의 모빌팀Mobile team에서 교회 사역과 거리 전도, 버스 터미널과 기차역광장 전도 집회 등을 하면서 선교 사명을 키워갔다. 그 시기에 나와 몇 명의 형제들은 서울 독산동에 '사랑의 공동체'를 세워 공동생활을 했다. 공동체는 선교단체 사역자, 교회 사역자, 직장인으로 구성되었는데 그들 모두 하나님의 선교를 꿈꾸는 청년들이었다.

1993년 1월의 어느 날, 우리 공동체에 전화 한 통이 걸려왔다. 몽골로 들어가려던 선교사 두 명이 비행기가 갑자기 연기되어 떠날 수 없게 되었다며 우리 공동체에 며칠간 머물기를 요청했다. 우리는 기쁨으로 그들을 환영했다.

그들이 우리 공동체에 들어온 첫날, L선교사가 확신에 찬 목소리로 내게 도전을 주었다.

"해영간사님은 여기 있을 사람이 아닌 것 같습니다. 저희와 함께 몽골에 선교사로 들어가시지요?"

그 당시 나는 중국 선교사를 꿈꾸고 준비하던 터라 다른 나라에 대해서는 생각한 적이 없었다. 그러나 92년 초에 "내게 구하라 내가 이방 나라를 네 유업으로 주리니 네 소유가 땅 끝까지 이르리로다"(시 2:8)라는 말씀을 주셔서 다른 민족에게도 마음의 문은 열어 놓은 상태였다. 그리고 무엇보다 하나님의 강력한 인도하심과 특별한 부르심을 기다리고 있었다. 그런데 L선교사의 느닷없는 도전은 마치 하나님의 음성처럼 들려왔다. 다시 금식기도를 한 주 했다. 드디어 하나님은 내게 몽골로 갈 것을 말씀하셨다.

나는 그 말씀에 순종했고, 1993년 3월에 한국 예수전도단 광주지부에서 파송을 받아 결혼도 하지 않은 채 몽골로 떠나게 되었다.

파송 받기 한 주 전, 부산에 계신 어머니께 전화를 드렸다.

"어머니, 저 몽골에 잠시 다녀올게요."

"응? 전도 여행 가는구나, 몇 주간? 잘 다녀와."

"아니요, 어머니, 선교사로 가는 겁니다."

잠시 침묵이 흘렀다. 이윽고 어머니가 눈물 어린 고백을 하셨다.

"네가 태어나던 날, '하나님, 이 아들을 하나님께 드립니다. 하나님의 사명 감당하게 하소서'라고 기도했는데 그것이 이루어지나 보다…"

감사의 눈물과 안타까움의 눈물로 어머니는 한동안 말을 맺지 못하셨다. 그러나 어머니는 나의 선교 여정을 누구보다 축복하셨다.

선교사로서의 헌신과 여정은 아마도 내 본가의 기독교 역사와 연관이 있는 듯하다. 지난 2016년 여름, 나는 우리 가족의 거룩한 비밀을 알게 되었다. 팔순이 넘으신 어머니는 이 세상을 떠나기 전, 강원도 정선에 가고 싶다고 큰 형에게 말씀하셨다. 알고 보니 그곳에 '우리 집에서 시작된 가정교회가 있다'는 것이다. 내가 하나님의 부르심을 받아 헌신해 사역한 지 30여 년이 지나서 듣는 우리 가족의 감동적인 기독역사였다.

내가 태어나기 전 강원도 정선의 우리 집에서 나의 부모님과 다른 두 가정이 모여 예배를 드렸고(1963), 서울에서 강도사 한 분을 초청해서 창립예배를 드렸으며(1964), 내가 태어나던 해에 교회 건축이 되었다는 것이다(1965). 그 교회가 놀랍게도 지금 정선 S교회로 성장한 교회이다.

하나님께 감사 찬양을 올리고 싶은 이야기는 또 있다. 나의 가족 기독역사를 아내와 장인, 장모님에게 나누었더니 장인어른의 가족들이 1960년대에 강원도 평창 중심으로 교회를 여러 개 세웠다는 것이다.

'왜 우리 부모님은 내가 1989년 스페인에, 1993년 몽골에 선교사로 나갈 때 우리 가족의 아름다운 기독역사를 말씀해주지 않으셨을까? 왜 아내가 1988년에 OMOperation Mobilazation(국제초교파 선교단체) 선교사로 나갈 때 장모님은 이런 놀라운 가정 이야기를 말씀하지 않으셨을까?'

이것을 한동안 깊이 묵상한 적이 있다. 두 가정이 하나님의 나라를 위해 묵묵히 섬기는 동안 많은 죽어가는 영혼들이 주께로 돌아왔을 생각을 하니 너무 감격스러워서 한동안 잠이 오지 않았다.

아내와 나의 선교사로서의 축복은 믿음의 가정에서 흐르는 하나님의 거룩한 기름부으심이라 확신한다. 마치 아브라함이 이삭에게, 이삭이 야곱에게, 야곱이 그의 자녀들에게 부어주었던 축복의 기도처럼 말이다. 그 축복은 어김없이 믿음의 후손인 우리에게 흘러들어 왔고, 우리를 통해 선교현장에 복음이 전파되고 교회들이 세워졌다. 나와 아내의 선친들이 올린 중보기도와 신앙이 우리를 여기에 있게 했다.

나는 와이웨머YWAMer다. 우리는 스스로 이렇게 부른다. 혹자는 예수전도단이라 하면 '화요모임'이나 'DTS'만 생각할지 모른다. 그러나 몽골 YWAM 뿐만 아니라 전 세계에 많은 YWAM 베이스에서 지도자 훈련을 통해 교회를 개척하고 사회 참여와 공헌을 하고 있다.

초교파 선교단체인 YWAM은 '8가지 영역Spheres' 속에 하나님의 성품과 하나님의 사랑이 들어가야 한다고 강조한다. 내가 존경하는 국제 YWAM 설립자인 로렌 커닝햄 목사님은 하나님으로부터 선교 전략을 받았는데, 바로 '가정, 교회, 교육, 정부와 정치계, 언론계, 예술계와 연예계와 스포츠, 사업계'의 7가지 영역에 복음을 전하고 제자화하는 것이었다. 그 후 란다 콥은 그의 책 '나라를 제자 삼는 하나님의 8가지 영역'에서 영역 선교를 위해 '정치, 경제, 교육, 대중매체(매스미디어), 예술, 교회(종교), 과학기술, 가정의 8가지 영역으로 조정 및 확장했다.

이 책을 쓰는 동안 내 소망은 단 한 가지였다. YWAM의 사역자들과 목회자들뿐 아니라 8가지 영역 속에서 일하고 있는 현장 사역자들(직장인, 사업가, 정치인, 상인, 학생, 교사 등)이 이 책을 읽으면서 하나님의 눈길과 마음이 어디에 있는지 다시금 발견하는 것이다. 또한 선교 현장에서 초자연적으로 역사하시는 하나님의 임재를 우리의 삶에서도 경험하며, 우리의 삶을 통해서 하나님의 나라가 확장되기를 소망한다. 하나님의 음성을 듣고, 하나님의 뜻을 발견하여 광야의 길에서,

사막에서 강이 살아 움직이는 모습을 모두 볼 수 있기를 원한다.

 나는 지난날의 YWAM 사역을 통해 하나님께서 다루시는 '우선멈춤Stop Sign'의 축복을 깨닫고, 경험했다. 멈춤은 후퇴가 아니고 선물임을, 실패가 아니고 은혜임을 알게 되었다.

 우선멈춤은 기다림을 요구한다. 내 인생 시계에 쉼표를 찍고, 잠시 멈춰서 기다리는 것이다. 때론 그 기다림이 3초일 수도, 3일일 수도, 3년, 혹은 30년이 훌쩍 넘을 수도 있다. 하지만 그 시간 가운데서도 하나님은 끊임없이, 조용히 일하시고 계신다.

 침묵의 하나님을 깨닫는 순간, 우리가 얼마나 인내심이 없는가를 회개하며 다시 나아갈 수 있다. 인내함으로 하나님의 얼굴을 끝까지 구하고 기다리면, 우리는 하나님의 사랑을 반드시 만날 수 있다. 하나님은 살아계시기 때문이다.

2018년 봄, 박해영

내가 여호와를 기다리고 기다렸더니
귀를 기울이사 나의 부르짖음을 들으셨도다
나를 기가 막힐 웅덩이와 수렁에서 끌어올리시고
내 발을 반석 위에 두사 내 걸음을 견고하게 하셨도다
새 노래 곧 우리 하나님께 올릴 찬송을 내 입에 두셨으니
많은 사람이 보고 두려워하여 여호와를 의지하리로다

시 40:1-3

차례

추천사   4
프롤로그   나는 와이웨머 _YWAMer다   8

첫 번째 쉼표 ,

우선멈춤의 행복한 기다림   21

스탑사인 _Stop Sign 표지판   22
우선멈춤의 카이로스   25
어시스턴트 _Assistant   31
춤추는 비밀결사대   38

두 번째 쉼표 ,

우선멈춤은 광야학교	49
고물차 탄 신부	50
감자가게에서 줄서기	58
뱀을 집으며 무슨 독을 마실지라도	63
하나는 데려가시고, 하나는 살리시고	73

세 번째 쉼표 ,

성령님 초원을 달리세요	83
파란 하늘의 쌍무지개	84
마가의 다락방	94
믿어야 보이는 것들	103
내가 그 딸을 기뻐한다	107

네 번째 쉼표

변화: 트랜스포메이션(Transformation)   117

죽음의 땅이 생명의 땅으로   118
교도소 안에서의 특별한 만남   128
불상은 무너질지어다   133
그라운드 제로 _Ground Zero   140

다섯 번째 쉼표

하나님의 눈길이 머무는 곳   155

때 밀어드릴게요   156
빵보다 사랑   164
이제 유치원 문을 닫읍시다   170
형님 배고파요   174

여섯 번째 쉼표

타협하지 않는 사람들	185
빨간 지붕 이야기	186
하얀 지붕 이야기	194
정직한 나라가 될 수 없나요?	199
맘몬_Mammon다스리기	205

일곱 번째 쉼표

우는 자들과 함께	213
할머니의 특별한 유언	214
우는 자들과 함께 울라	220
소똥으로 소통_Communication을	225

에필로그	기다림, 세상에서 가장 행복한 약속	234
참고문헌		239

Stop Sign

첫 번째
쉼표

우선멈춤의
행복한 기다림

스탑사인(Stop Sign) 표지판

"쿠궁! 쾅쾅…."
순식간에 일어난 일. 차 사고였다.
"여보. 아…!"

 큰 길 오른쪽에서 과속으로 내달리던 음주 운전자가 우리 차를 박은 것이다. 차는 큰길 건너편 쪽으로 튕겨나갔고, 형체를 알아볼 수 없게 찌그러졌다. 차안에는 고요한 정적만이 흘렀다.

 무슨 일이 일어난 걸까? 두려움이 머리를 스쳤다.
"여보, 여기가 어디예요? 우리가 왜 여기 있는 거예요?"
사고 충격으로 기절했던 아내였다.
"오 하나님…. 정말 감사합니다."

 그제야 살았구나 싶어 눈물을 멈출 수 없었다. 다행히 가족들과 동행한 선교사님 모두 가벼운 타박상만 입었을 뿐 무사했다. 자동차는 흡사 발에 밟힌 깡통처럼 찌그러지고 망가져 폐차장 행이 됐지만, 사람이 상하지 않았으니 생명을 지켜주신 하나님께 무한한 감사를 드릴 수밖에 없었다.

지금 생각해도 등골이 서늘하다. 몽골에서 1차 사역을 마치고 하와이 코나에 있는 YWAM 열방대학University of The Nations에서 의사소통과 리더십 공부를 할 때의 일이었다. 주민번호를 받기 위해 아내와 두 딸, 그리고 아는 한 선교사님을 태우고 2시간 거리의 힐로Hilo라는 도시로 가던 길. 지도만 의지한 채 떠난 초행길이었지만 다행히 별 어려움 없이 목적지에 도착했다. 예상보다 일을 일찍 끝내게 되어 집으로 돌아가는 길에 시내를 돌아볼 요량으로 핸들을 돌렸다.

아담하고 아름다운 도시였다. 시원한 바닷바람이 기분을 무척 상쾌하게 했다. 미국 마을들이 대부분 그렇듯 힐로의 집들도 울타리가 없거나 낮았다. 파릇한 잔디밭은 잘 가꾸어 놓은 골프장의 필드처럼 펼쳐져 있었고, 새들이 지저귀고 잠자리 떼가 한가히 노니는 한적한 오후였다.

우리 차는 골목을 따라 15km 정도의 속도로 서행하고 있었다. 그런데 펼쳐 든 지도와 도로마다 붙은 이정표들을 확인하느라 오른쪽에 서 있던 'STOP(멈춤)' 표지판을 보지 못한 것이다. 이게 화근이 될 줄이야. 서행으로 직진하며 막 큰길로 들어섰을 때 차 사고가 났다.

STOP! 이 표시판을 무시하고 질주하는 자동차는 언젠가 대형 사고를 낸다. 교통 법규를 조금이라도 아는 사람들이라면 'STOP' 표지판이 얼마나 고맙고 중요한 것인가를 알 것이다. 우리 속담에도 '급하면 돌아가라'는 말이 있다. 급할수록 냉철한 이성으로 기다리는 습관을 길러야 한다. 열 번, 백 번 생각해도 결코 대충 넘겨서는 안 되는 교통 법규가 바로 '스탑사인STOP SIGN(우선멈춤)'이다.

강준민 목사님의 『엘리야의 기도』라는 책에 이런 구절이 있다.

> "마귀의 유혹은 속도에 있다. 그런데 하나님은 속도보다 방향을 중요하게 생각하신다. 마귀의 유혹은 과정보다 결과에 있다. 모든 수단과 방법을 동원해서 결과를 만들겠다는 것이다. 하지만 하나님은 결과보다 과정을 더 소중하게 여기신다."

다윗은 하나님 앞에서 기다리고 기다렸다. 자신을 죽이려고 혈안이 된 사울을 죽일 수 있는 상황에서도 다윗은 하나님보다 앞서지 않았다. 전쟁은 하나님께 있다는 진리를 생각하며, 빠른 보복이 아닌 하나님의 법을 따르기로 선택했다. 예수님 역시 자신의 의지대로 앞서지 않고, 하나님의 때가 오기까지 기다리셨다. 물론 때로는 빠르게 달리는 것도 필요하다. 그러나 잠시 멈춰서는 과정의 순간들을 기억하고 재정비해서 달리기 시작하면, 보다 혁신적이고 창조적인 결과를 얻을 수 있다.

그날 죽음에서 우리를 살려주신 하나님께 감사하며 '우선멈춤'의 의미를 곱씹게 되었다. 잠시 기다리는 여유는 우리의 생명을 보호할 뿐 아니라 다른 사람들의 안전까지도 지킨다. 언제나 문제는 기본적인 법규를 지키지 않아서 발생한다. 우리는 단지 조금 더 빨리 가고 싶은 욕심에, 또는 한 번쯤 지키지 않는다고 무슨 일이 나겠는가 하는 안일한 생각으로 방심한다. 사고는 그 찰나에 발생한다. 사랑하는 가족들을 잃은 후에 땅을 치고 후회한들 무슨 소용이 있을까? 멈춤 표시판은 짧은 시간 우리를 멈추게 한다. 하지만 교통의 흐름과 안전을 위해 없어서는 안 되는 법규이다. 좌우를 살피면서 내가 더 편하게 나아갈 길을 찾기 위한 길이기도 하고 타인을 위한 최소한의 배려이기도 하다.

우리네 인생은 어떠한가? 삶의 행로에 '우선멈춤'이란 표지판 없이 경주용 차처럼 계속 달리기만 한다면 어떻게 될까? 아찔한 사고가 우리를 기다리고 있지 않을까? 그래서 우리는 목표지점을 향해 달려가기는 하되 가끔 쉼표 같은 휴식이 꼭 필요하다. 그렇지 않으면 사람도 기계도 탈진하여 그 어떤 것도 이룰 수 없게 되기 때문이다.

우리를 누구보다 잘 아시는 주님은 이렇게 말씀하신다.
"여섯째 날까지 모든 것을 창조한 후 나도 멈추었다. 너도 멈추어야 한다. 멈추라!"

우선멈춤의 카이로스

헬라어는 시간을 두 단어로 표현한다. '크로노스kronos'와 '카이로스kairos'이다. '크로노스'는 일반적인 시간개념을 말한다. 창세부터 지금까지 계속되는 규칙적인 역사의 시간, 인류 역사의 연대기적인 시간을 가리킨다. 하나님은 태초에 이 '크로노스', 즉 흘러가는 시간을 창조하셨다.

그러나 '카이로스'는 조금 다르다. 그것은 또 다른 하나님의 시간이다. 크로노스 안에서 하나님이 특별히 개입하시는 시간이나 하나님의 임재가 임하는 장소, 또는 놀라운 역사가 일어나는 때를 말한다. 하나님의 임재는 '카이로스'로, 하나님께서 특별히 개입하시는 시간이다. 하나님의 사람들은 그 '카이로스', 하나님의 시간 속으로 들어가서 인생에서 가장 감격스러운 순간을 맞본다. 하나님과 동행하는 기쁨을 누리는 것이다. 때로는 이적과 기적으로, 때로는 위로와 책망으로 하나님은 카이로스를 나타내신다. 처음 그 순간을 만날 때는 두려움이 엄습하기도 하지만, 조금 지나면 '하나님이시구나!'를 깨닫고 감동의 도가니 속으로 들어가게 된다.

>하나님의 복음을 전파하여 이르시되 때가 찼고 하나님의 나라가 가까이 왔으니 회개하고 복음을 믿으라 하시더라(막 1:14-15)

여기서의 '때'가 바로 하나님의 카이로스를 의미한다. 전 인류를 향한 복음 선포의 때, 하나님의 구원역사를 최고 정점으로 끌어올릴 순간을 말하는 것이다.

예수님은 요한복음 2장의 가나 혼인잔치에서도 하나님의 때인 '카이로스'를 드러낸다. 그의 어머니 마리아 때문이었다. 그녀는 예수님이 하나님이신 줄 알았던 걸까. 혼인잔치에 포도주가 떨어지자 예수님께 이를 알리고 해결해 달라고 요청한 것이다. 이에 예수님은 마리아에게 이렇게 말씀하셨다.

"내 때가 아직 오지 않았다."

여기에서의 '때'도 하나님의 시간, 카이로스를 의미한다. 예수님이 공생애 가운데 첫 번째 기적을 일으키신 곳이 바로 가나 혼인잔치였다. 성경에서 카이로스는 오직 하나님만 사용할 수 있는 놀라운 시간이다. 그렇기에 예수님께서는 그 '때'가 아직 오지 않았다고 하신 것이다. 그때는 하나님께만 속한 것이기 때문이다. 그런데 예수님이 그 '카이로스'를 직접 사용해 물이 양질의 포도주로 변하는 기적의 사건을 펼치신다. 바로 그분이 하나님이셨기 때문이다.

지난 30여 년간 스페인, 몽골, 호주, 미국, 동아시아 등 여러 나라에서 선교 사역을 하면서 하나님의 카이로스를 경험한 순간을 기억한다. 그 안에 안식과 평안이 있다. 다음 단계로 넘어가기 위한 재충전의 시간이 바로 하나님의 카이로스, 우선멈춤의 시간이다.

헌신된 몽골 형제자매들이 제자훈련을 받고 나와 함께 H국에 전도 여행을 가게 되었다. 나와 그들 12명은 전도 여행을 준비하면서 H국의 언어로 쓰여진 빨간 성경책을 각자의 배낭에 두 권씩 넣어 가기로 결정했다. 마치 자신을 읽어줄 영혼들을 기다리는 듯, 총 26권의 성경책이 강렬한 태양처럼 빨간 빛을 내고 있었다. 정말 가고 싶었던 땅이었는데 이렇게라도 갈 수 있으니 얼마나 감사한가. 하나님께 영광을 올렸다.

기차를 타고 국경을 통과할 때 이민국과 세관을 지나야 했다. 그 당시 모든 짐은 엑스레이를 통과하지 않고 경찰들이 직접 검열을 했다. 몽골에서도 종교적인 것은 민감한 사안이었는데, H국의 종교법은 더 까다로워 법적인 조치를 당할 수 있는 상황이었다. 뭔가 결단을 내려야만 했다. 결국 고심 끝에 팀원들 각자의 배낭에 있던 빨간 성경책을 모두 다 내 가방에 넣자고 했다. 그리고 사도행전 12장에 베드로가 천사를 따라 감옥에서 무사히 나가는 말씀을 몽골 형제자매들과 나눴다.

"주님, 우리에게도 베드로와 같은 기적이 일어나게 해주세요. 저들의 눈을 가려주세요."

우리는 간절히 함께 기도하며 기차에서 내려 줄을 섰다. 검열 차례가 다가올수록 무사히 통과하기만을 더욱 간절히 기도했다.

숨소리마저 긴장이 되는 순간, 드디어 차례가 되었다. 세관 경찰이 내 배낭을 검사했다. 가방을 열고 맨 밑바닥까지 전체를 뒤적거렸다. 그런데 놀라운 일이 벌어졌다. 경찰이 배낭의 가장 밑에 있던 26권의 빨간 성경책을 직접 보고 만졌음에도 대수롭지 않다는 듯 "통과(通過)"라고 하며 우리 팀을 보내준 것이다. 하나님의 카이로스였다.

우리는 밖으로 나와서 조용히, 그러나 감격과 환희에 찬 뜨거운 감사의 기도를 드렸다. 그리고 곧장 하나님의 음성을 들으며 인도하심에 따라 숙소를 찾기 시작했다. 하나님은 우리에게 몽골족을 만나게 될 것이라고 말씀하셨고, 우리를 한 여관으로 인도하셨다. 가서 보니 여관주인은 H국 사람이었다. 그런데 아내가 몽골인이었다. 그 자매는

H국에서 태어나고 자라 몽골어와 H국 언어에 능통했다. 우리는 며칠 간 그곳에 머물면서 여기저기를 다니며 중보기도를 했다. 그리고 매일 그 자매를 만나 몽골 이야기를 하고, 함께 식사하며 교제를 나눴다.

시간이 흘러 우리가 떠나는 날이 되었다. 하나님은 그 몽골 자매에게 복음을 전하고, 준비한 빨간 성경책을 전달하라는 마음을 주셨다. 자매를 통해서 이 동네에 복음이 전파될 것이라고 말씀하셨다. 우리는 순종하는 마음으로 그 몽골 자매에게 복음을 전했다. 감사하게도 그녀는 자신이 죄인인 것을 인정하고, 하나님의 아들 예수 그리스도가 우리의 죄를 위해 십자가에 돌아가셨다는 사실을 받아들였다. 주 예수님을 믿기만 하면 구원받는다는 것을 확신한 것이다. 그녀는 영접기도를 하면서 감사와 감격의 눈물을 흘렸다. 우리는 가져갔던 빨간 성경책을 전해주며, 매일 읽고 묵상하기를 권했다. 그 후 우리는 다른 도시로 이동해 복음을 전하고, 성경전달 사역을 마친 후 몽골로 돌아왔다.

세월이 흐른 뒤 몽골 2대 도시인 다르항Darkhan에서 예수제자훈련학교DTS를 마친 몽골 형제자매들과 전도 여행으로 다시 H국에 가게 되었다. 몇 명의 간사들과 함께 답사를 가면서 수년 전에 기차로 갔던 그 길을 그대로 가보았다. 국경에서 이민국과 세관을 통과할 때 옛날 생각이 났다. 하나님이 도와주셔서 무사히 통과했던 일, 그곳의 한 부부에게 복음을 전하고 빨간 성경책을 전달했던 일 등등.

'지금도 그들이 그대로 거기 있을까?'

옛 추억을 회상하면서 국경대합실에 잠시 머물렀다. 그러던 중 나의 시선은 대합실 오른편 코너에 있던 키가 작고 콧수염이 있는 한 남자에게 멈춰 섰다. 수년 전에 만났던 사람인 듯 익숙하면서도 낯선 사람이었다. 그와 눈이 마주쳤다. 순간 그도 나도 동시에 서로를 향해 가까이 걸어갔다. 가까워질수록 기억이 선명해졌다. 바로 빨간 성경책을 받았던 그 몽골 자매의 남편이었다. 그도 나를 알아보았다. 우리는 서로 껴안고 반갑게 인사를 했다.

그는 바로 우리를 자신의 집으로 데려갔다. 거실에서 차를 마시는데 책상 위의 책꽂이에 있던 책 한 권이 눈에 띄었다. 얼마나 색이 바랬는지 붉은색이 겨우 조금 남아있는 낡고 오래된 책이었다. 조용하게 책꽂이에 꽂혀있던 빛바랜 붉은 빛. 그것은 바로 우리가 그의 아내에게 복음을 소개하고 전달한 그 빨간 성경책이었다. 그의 아내는 우리와 헤어진 후 그 성경책을 읽고 또 읽었다고 했다. 물어물어 어렵게 교회를 찾아 신앙생활을 해왔다고도 했다. 그리고 마침내 교회의 지도자가 되어 교회를 섬기고, 타 지역에서도 복음을 전하는 하나님의 사람으로 다시 태어났다. 그 옛날 우리를 통해 전해진 빨간 성경책이 주님을 알지 못하던 영혼들을 위해 사용된 것이다. 우리가 선교를 계획하고 떠났던 모든 여정은 흡사 크로노스의 흐름으로 여겨졌다. 하지만 사실 그 모든 것이 하나님의 카이로스 안에서 이미 계획된 일이었던 것이다.

이 책을 읽으면서 누군가는 하나님의 카이로스를 경험하게 되길 소망한다. 나는 '우선멈춤'의 시간 역시 하나님의 '카이로스'라고 믿는다. 때로는 하나님께서 잠잠히 계시는 듯 보이지만 그 시간 역시 하나님의 카이로스이다. 하나님은 잠잠한 크로노스의 시간을 사용하셔서 당신의 시간, 카이로스를 만드시는 분이기 때문이다. 잠잠하게 역사하시는 하나님을 우리는 경험해야 한다. 하나님께서 가라시면 가고, 멈추라시면 멈출 수 있는 믿음을 가져야 한다. 멈춰있는 시간 속에서도 그분을 신뢰하며 기다림을 즐기는 자만이 하나님의 카이로스를 경험하게 될 것이다.

어시스턴트(Assistant)

이 세상은 일등만을 기억한다. 이등은 기억하지 않는다. 다소 냉정해 보이지만 현실이 그렇다. 축구에서도 다득점 선수 골게터Goal Getter에게 갈채를 보내고 그의 능력을 높이 산다. 하지만 그 골을 넣기까지 조력자 역할을 한 바람잡이 페이스 메이커Pace Maker 선수들을 기억하는 사람은 거의 없다.

이런 풍조로 인해 사람들은 수단과 방법을 가리지 않고 편법을 쓰면서까지 일등을 하고자 한다. 때론 다른 사람들을 짓누르기도 하면서 말이다. 그렇게 1등에 오른 후엔 그 결과가 순전히 자기의 노력과 실력이라는 착각에 빠진다.

물론 일등이나 최고의 자리에 올라 간 사람들의 수고와 노력을 폄하할 생각은 없다. 단지 그들이 그 자리에 서기까지 수많은 조연과 도우미들의 역할이 있었다는 것을 말하고 싶을 뿐이다. 역사책에도 이름 없이 사라진 존재, 바로 조력자들에 대해 다시 한번 생각해보자는 의미다.

몽골에서 우리 팀은 교회개척, 예수제자훈련학교DTS: Disciple Training School, 화요모임, 구제 사역, 교육 선교 등의 사역을 했다. 선교사들과 현지인 사역자들이 함께 팀을 이뤄 몇 년을 수고하니 열매를 보는 것 같았다. 현지인 사역자들은 선교사들을 도와 사역마다 열심히 섬겼다. 만약 그들의 헌신과 노력이 없었다면, 우리 선교사들은 그 땅에서 많은 사역을 감당할 수 없었을 것이다. 현지어와 문화, 법 등에 익숙하지 않은 선교사들이 비전에 따라 주어진 일을 해나갈 수 있었던 이유가 바로 그들이었다.

나는 현지인 사역자들의 노고를 안다. 그들은 마치 이런 존재이다. 주 안에서 많이 수고했지만 우리에겐 생소한 사도 바울의 조력자 버시와 같은 사람들이었다(롬 16:12). 그들은 우리보다 더 많이 수고하고 헌신했지만 모든 것을 하나님의 은혜로 알았다. 복음을 받고 하나님 은혜에 감사했으며, 자기 민족의 복음화를 위해 쓰임 받고 싶어했다. 그래서 여러 이유로 사역자가 되었다. 그들에겐 온갖 궂은 일도 모두 하나님 나라를 위한 영광이었다. 때문에 더러는 이름도 없이 빛도 없이 잠시 수고하다 사라지는 이 버시(현지인 사역자)들은 우리에게 큰 보물이다. 복음의 용사들은 전진했고, 그 어떤 것도 그들을 막을 수 없었다. 꽁꽁 얼어붙은 영하의 추위, 눈바람과 비바람도 그들 앞에선 무력했다. 그들은 무적이었다.

그러나 아이러니하게도 영웅이 된 것은 바로 나였다. 첫 번째 안식년, 나는 각 교회나 선교부를 방문할 때 나를 섬기며 도왔던 모든 사람들을 잊고, 마치 나 혼자 몽골에서 큰일을 한 냥 보고하고 다녔다. 그동안 팀으로든 개인으로든 몽골을 다녀간 수많은 전도 여행자가 나의 팬인 줄 착각하며 아주 신나는 안식년을 보냈다. 내가 그렇게 대접받고 환영받으며 맛있는 음식을 먹고 아름다운 곳으로 다니고 있을 때, 나의 제자들과 현지인 사역자들은 비가 오나 눈이 오나 척박한 시골로 복음의 메시지를 전하러 다녔다. 하지만 나는 안식년에 짧은 사역의 성공 사례들을 자랑하고 다녔다. 지금 생각해보면 창피해서 쥐구멍이라도 찾아 숨어버리고 싶다. 인자되신 예수님은 머리 둘 곳도 없는 분이셨다(눅 9:58). 섬김을 받으러 온 것이 아니라 섬기러 오셨고, 인류를 위해 자신의 목숨을 몸값으로 주시려고 오셨다. 그런데 정작 나는 그러지 못했다.

   2001년, 제2차 몽골 파송을 받을 때 선교 전략이 수정되었다. 현지인 사역자를 동역자Partnership로 여기고 함께 사역하자는 목소리가 나왔다. 이는 미국 세계 선교본부의 설립자이자 윌리엄 캐리 국제 대학교 총장이었던 랄프 윈터Ralph P. Winter 박사의 『미션 퍼스펙티브』에서도 잘 기술되어 있다. 그는 선교활동에는 4단계 원리가 있다고 주창했다. 첫 번째는 개척단계Pioneer이다. 선교사가 처음 선교지에 나가 타문화를 접하면서 모든 것을 새롭게 개척해야 하는 단계이다. 두 번째는 선교사가 부모Parents로서 현지인들을 가르치며 돌보고 섬기는 단계이다. 세 번째는 동역자Partner로서 함께 사역을 하는 단계이다. 네 번째는 선교사가 참여자Participant가 되어 현지인 사역자들이 잘 성장할 수 있도록 조력자가 되는 단계이다. 이 네 단계가 잘 진행될 때 현지인들이 성장할 수 있는 토착 사역Indeginous Ministry의 기초가 되고, 나아가 진정한 토착 선교가 된다는 것이다.

맞는 말이다. 현지인 사역자들은 더 이상 선교사들의 심부름꾼이나 도우미가 아니다. 우리의 형제자매요, 우리의 영웅인 것이다. 이를 깨닫고부터 나의 관점이 바뀌었다. 선교보고를 할 기회가 생길 때마다 그들을 세워주기 시작했다. 그들이 아니었다면 이런 열매는 없었을 것이라고 담대히 소리 높여 전하기 시작했다. 나는 그들이 잘 자랄 수 있도록 지지하는 버팀목일 뿐이었다는 사실을 깨달은 것이다.

버팀목의 역할은 어린 나무가 장성하기까지만 유효하다. 어린 나무를 처음 옮겨 심을 때는 나무가 힘이 없기 때문에 주변에 지지대를 세워주지만, 어린 나무가 장성하게 되면 주변에 설치해 두었던 버팀목을 제거한다. 자립할 수 있을 정도로 자라난 나무에는 지지대가 오히려 더 성장하는데 불필요하기 때문이다. 그렇다. 나는 그들의 버팀목일 뿐이었다.

그렇게 사역하는 동안 변화가 일어났다. 국제리더들이 나를 몽골의 첫 번째 YWAM 대표National Chairman로, 몽골의 2대 도시인 YWAM 다르항 베이스의 책임자로 세워준 것이다. 몽골 5개 지역에는 4개의 베이스가 있고, 3개의 YWAM JCSJoint Christian Service이 있다. 80여 명의 현지인 전임 사역자와 30명의 외국인 선교사가 있는 국가였다. 내가 그 직책을 맡은 것은 하나님의 전적인 은혜와 축복이었다. 하지만 그곳의 진정한 주역은 수많은 현지인 사역자와 중보기도의 동역자, 단기 선교팀, 한국 예수전도단 선교관리팀, 파송교회와 후원교회였다. 이들의 기도와 협력이 있기에 나는 그 일을 감당할 수 있었다.

현지인 사역자와 선교사가 주종관계에 그친다면 현지인 사역자는 성장하기 어렵다. 어쩌면 그들은 자기의 의지와는 관계없이 예스맨Yes Man이 될지도 모른다. 그렇기에 나와 함께 사역하는 현지인과 선교사들은 서로 존중하면서 함께 고민하고 의견을 조율하기 원했다. 물론 서로 신뢰하는 관계를 형성하는 게 우선되어야 했다. 그 결과 몇 년이 지나 감사하게도 우리 베이스의 몽골 사역자 중 한 형제는 몽골 전 교회에 큰 영향을 끼치는 지도자가 되었다. 다른 한 사역자는 신학교 강사가 되었고, 어떤 사역자들은 타문화권 선교사로 파송받기도 했다. 소중한 깨달음이 가져다준 귀한 선물이다.

우리 주변에는 이름도 없이 묵묵히 우리를 돕는 많은 분들이 있다. 그들을 기억하고, 그들을 존중하며 감사할 때 함께 사역의 열매를 볼 수 있다.

위대한 영웅의 옆에는 항상 조력자가 있었다. 역사가 그것을 증명한다. 모세 옆에는 조력자 아론과 훌 그리고 여호수아가 있었다. 느헤미야 옆에서는 아닥사스다 왕이 적극적인 지원을 아끼지 않았다. 바울의 동역자인 바나바는 실제로 바울이 사역할 수 있는 발판을 만들어 주었다. 독일의 종교개혁자 마르틴 루터에게는 조력자 멜란히톤이 있었고, 토마스 에디슨은 그의 어머니 낸시가, 헬렌 켈러에게는 앤 설리번 선생님이 있었다. 위대한 업적은 한명의 슈퍼맨이 만드는 게 아니다.

목적을 달성하기 위해 영웅과 조력자는 오랜 시간을 기다리며 동행한다. 우리가 아는 동행의 아이콘으로는 에녹이 있다. 그는 300년이라는 긴 시간 동안 하나님의 곁에 머물렀다. 요나단은 다윗의 곁에서, 엘리사는 엘리야의 곁에서, 그렇게 잠잠히 묵묵히 기다렸다. 동행은 1년이 될 수도, 10년이 될 수도 있다. 그 기다림의 시간 동안 영웅과 조력자는 서로가 기다려주며 지원하고 돌본다. 이런 일들을 해오면서 그들은 함께 지도자로 성장해나간다.

유진 피터슨의 『목회자의 영성』에 이런 구절이 있다.

"내일 저녁에 감자를 먹고 싶다면 오늘밤에 정원에 나가서 감자를 심는 것은 별 도움이 되지 않는다. 파종과 추수 사이에는 오랜 어둠과 보이지 않음과 침묵이 있어서 그 둘을 갈라놓는다. 그 기다리는 시간 동안에 경작하고 잡초를 뽑고 양육하고 또 다른 씨앗들을 심는다."

농부가 수확을 기다리는 간절한 마음을 누가 알랴. 기다림 후에 보게 될 풍성한 수확은 농부들에겐 최고의 잔치거리이자 큰 기쁨이 될 것이다. 잊지 말아야 할 것은 주위의 많은 동역자와 도우미의 역할이 없다면, 많은 수확을 못 볼지도 모른다는 사실이다.

최근에 한 신문에서 본 기사가 생각난다. 게임 천재로서 29살에 300억으로 회사를 매각한 사업가 청년 CEO에 대한 글이었다. 나는 이 성공한 청년사업가가 내놓은 원칙 하나에 집중했다. 그것은 회사의 이익이나 그 밖의 것이 아니라 사람에게 가치를 두는 것이었다.

회사에 몸담은 직원들을 존중하는 것이다. 회사 웹 사이트에는 제품 광고가 보이지 않았다. 대신 환하게 웃고 있는 행복한 직원들의 사진이 올라와 있다. 고객들에게 신뢰를 주기 위해서 제품보다는 제품을 다루고 있는 사람들이 어떤 사람들인지를 당당하게 소개하는 기업이었다. 더 큰 감동은 매출이 떨어져도 직원의 복지에 투자하는 비용을 줄이지 않는다는 것이다. 직원들의 불행이 쌓이면 이는 회사의 불행으로 이어지기 때문이라는 것이다.

예수님도 사역보다 사람을 더 중요하게 여기셨다. 바리새인들이 예수님의 제자들이 안식일에 밀 이삭을 잘라 먹은 것으로 비난할 때, 예수님은 안식일은 사람을 위한 것이지 사람이 안식일을 위해 있는 것이 아니라고 명쾌하게 답하셨다. 예수님은 생명을 우선시하셨고, 영혼을 귀하게 여기셨다. 예수님은 주님께 나아오는 자들을 절대 무시하지 않으셨다.

나와 함께 사역한 몽골 YWAM 사역자들과 현지인 목회자들은 나의 동역자이다. 그들도 나를 동역자, 멘토, 형님 등으로 부르며 함께 사역하고 있다. 우리는 서로에게 감사한다. 서로가 없이는 그 무엇도 이룰 수 없음을 알기 때문이다.

오늘도 나는 하나님 나라를 위해 동역자들과 한배를 타고 가고 있다. 다시 한번 묻고 싶다. 당신과 함께 사역하는 사람들은 동역자인가? 일꾼인가?

춤추는 비밀결사대

1985년, 나는 H국을 향한 선교 비전을 품었다. 세상 물정 모르는 까까머리 고등학생 시절이었다. 그 나라에 아직 복음의 문이 열리지 않았을 때인데 하나님은 내 마음에 영혼 구원의 열정을 불어넣어 주셨다. 아무도 나의 선교열정을 막을 수 없었다. 그만큼 비전은 확고했고, 열정은 뜨거웠다. 그 땅에 선교사로 가기 위해 그곳의 언어를 배웠고, 그곳에도 복음의 문이 열리도록 간절한 중보기도를 드렸다. 신학교를 다닐 때는 선교사가 되기 위해서 하루에 두 명씩, 1년에 수백 명의 사람에게 복음을 전한 적도 있다.

그러던 1990년의 어느 날, 드디어 H국 땅을 밟을 기회가 왔다. 예수전도단의 대학부 리더들이 하나님의 음성을 듣고 복음의 문이 닫혀 있는 H국 땅을 밟기로 결정한 것이다. 우리의 계획을 들은 대부분의 사람은 이렇게 말했다.

"그곳에는 갈 수 없어. 이 선교는 불가능하다고!!"

하지만 하나님의 말씀은 달랐다.

"가라!"

하나님은 우리 간사단의 중보기도를 통해 역사하셨다. 예수전도단 대학부 학생 375명과 간사 40여 명이 H국 전도 여행에 참가하기로 한 것이다. 전도 여행을 신청한 모든 형제자매들은 미사리 조정경기장에서 대한민국 정부의 안보교육까지 받으며 철저한 준비를 했다.

하지만 H국 대사관에 신청한 비자는 번번이 거절당했다. 그 이유는 비자신청을 할 때 단체의 이름을 정직하게 '예수전도단'이라고 밝혔기 때문이다. 지원자 400여 명은 다시 하나님의 얼굴을 구하기 시작했고, 눈물로 그 땅을 위해 중보기도하며 비자가 풀리기를 기다렸다. 하나님을 기다릴 때 하나님은 일하신다.

강준민 목사님의 『기다림은 길을 엽니다』에는 이런 구절이 있다.

"하나님이 약속하신 길은 반드시 열립니다. 그렇지만 하나님의 때가 차야 합니다. 길이 열리기 위해서는 시간이 필요합니다. 길이 열리기 위해서는 기다림이 필요합니다."

YWAM은 하나님을 알고 하나님을 알리자는 모토로 설립된 선교단체이다. 우리는 하나님 앞에 머무르며 기다리는 시간을 즐겨한다. 하나님의 손이 아닌, 하나님의 얼굴을 구하는 것을 삶의 신조로 삼고 있다.

하나님의 얼굴을 구하는 것이 무엇인가? 우리는 하나님의 얼굴을 볼 수 있는가? 모세는 하나님의 얼굴을 보면 자신이 죽을 것 같다고 하며 하나님께 등만 보여 달라고 간구했다. 예수님이 오시기 전 구약의 인물들은 하나님을 직접 대면하여 만날 수는 없었다. 모든 사람이 죄를 지어 하나님의 영광에 이를 자가 없었기 때문이다. 오직 대제사장만이 일 년에 한 번 제사라는 예배를 통해 하나님의 성막, 즉 성전에 들어가서 하나님을 만날 수 있었다. 예수님은 마침내 우리를 죄로부터 영원히 구원하실 큰 대제사장으로 오셨다. 그 예수님이 우리에게 네가 나를 보았다면 하나님을 본 것이라고 말씀하셨다. 하나님 얼굴을 구하는 삶은 바로 예수님을 구하는 삶이다. 예수로 충만한 삶, 예수의 마음을 알고 그분을 따라가기를 열렬히 원하는 삶, 이것이 하나님의 얼굴을 구하는 것이다.

예수의 마음을 품은 자, 예수의 마음을 아는 자는 예수님 앞에서 자신의 원하는 바가 철저하게 사라진다. 예수의 마음이 내 마음이 되고, 내 마음이 예수의 마음이 된다. 이런 사람의 마음엔 오로지 이 고민뿐이다.

'내가 어떻게 하면 하나님께 영광 돌리는 삶을 살 수 있을까?'

그렇다. 그의 인생은 하나님 그 자체이자 하나님이 원하시는 바를 추구하는 삶이다. 이와 반대의 삶이 하나님의 손을 구하는 삶이다. 내 것을 포기하지 않고 하나님이 주시는 도움만을 바라는 삶, 하나님의 능력만을 구하는 삶이다. 하지만 하나님의 얼굴을 구하는 삶이야말로 하나님의 카이로스, 하나님의 시간 속에서 아버지와의 친밀함을 경험할 수 있게 한다.

> 내 이름으로 일컫는 내 백성이 그들의 악한 길에서 떠나 스스로 낮추고 기도하여 내 얼굴을 찾으면 내가 하늘에서 듣고 그들의 죄를 사하고 그들의 땅을 고칠지라(대하 7:14)

마침내 하나님의 인도하심으로 H국 정부는 우리에게 조건부 비자를 주기로 했다. 그들은 우리의 입국에 까다로운 조건을 제시했다.

H국 정부에서 정하는 여행사와 가이드, 호텔과 여행지를 이용하라는 것과 복음 전도나 집회는 물론 큰 소리로 찬양과 기도도 할 수 없다는 것이다.

우리 예수전도단 대학부 리더들은 H국의 권위를 존중하고, 그들의 요구에 따르기로 했다. 믿음과 용기, 순교, 희생 등의 단어를 상황에 맞지 않게 잘못 적용하면 직선적이고 무례한 선교 전략을 추진하게 된다. 이는 자칫 지혜롭지 못한 행동을 초래해 현지의 선교사나 교회들을 어렵게 한다. 우리가 성경을 묵상할 때 앞뒤 전후 문맥과 당시 상황을 고려해서 읽어야 하는 것처럼, 선교에서도 현지의 정치, 경제, 문화적 상황을 고려할 필요가 있다.

우리가 믿는 하나님은 무례한 분이 아니시다. 사랑은 무례하게 행하지 않는다. 고린도전서 13장의 사랑 장에서 사랑이란 단어에 예수님을 넣어서 읽어 보면 알 수 있다. 사랑이 곧 예수님의 성품이다. 우리의 잘못된 행동 하나가 현지에 있는 믿지 않는 자들에게 잘못된 하나님의 이미지를 심어줄 수 있다.

물론 전능하신 하나님은 그럴지라도 하나님의 일을 하신다. 불완전한 우리의 삶을 들어서 당신의 일에 합력하여 선을 이루게 하시는 분이다. 그러나 우리가 진정으로 예수님을 따르는 자들이라면 언행일치의 삶을 살아야 함이 맞다. 늘 자신에게 이렇게 물어야 한다.

"나는 얼마나 내가 말하는 것에 책임을 지고 사는가?"

우리 리더들은 그 땅에 복음의 문이 열리고, 하나님의 카이로스, 하나님의 때에 예수님의 복음이 편만하게 전파되기를 선포하며 결정을 내렸다.

며칠 후 우리는 한 국제도시를 거쳐 그곳에서 관광버스를 타고 H국의 국경을 넘게 되었다. 열 대의 각 차량에 현지인 가이드가 두 명씩 동승했다. 총 20명이었던 가이드 대부분은 정치외교학 출신으로 몇 명은 한국어가 가능했다. 그들은 우리의 일거수일투족을 다 감시하는 듯했다. 그럼에도 우리는 주 예수 이름으로 그 땅을 밟아보는 것에 감격의 눈물을 흘리지 않을 수 없었다.

그날 국경선을 넘는 순간, 하나님의 임재를 경험했다. 온몸에 거룩한 전율이 흘렀다. 감격에 겨운 나머지 세미하게 주님을 찬양하는 소리가 들리기 시작했다. 우리를 감시하는 가이드들의 시선은 잊은 채 저마다의 표현으로 하나님이 살아계심을 찬양했다.

국경을 넘은 그 날은 우리에게 역사적인 날이었다. 왜냐하면 복음이 H국에 들어간 이래로 400여 명의 대학생이 한꺼번에 전도 여행차 국경을 넘은 것이 처음이기 때문이다. 게다가 남쪽에서 북쪽으로 버스를 타고 국경선을 넘은 것도 드문 일이었다. 기적과도 같은 우리의 행로. 우리가 이동한 그 길이 축복의 통로가 되길 간절히 소망했다.

하지만 집회도 할 수 없고, 큰소리로 찬양과 기도도 할 수 없었다. 결국 차량마다 두 사람씩 5분간 릴레이 기도를 하기로 했다. 관광버스 의자에 앉은 두 사람이 머리를 숙여 5분간 기도하면, 바로 뒤의 두 사람에게 바통이 넘어갔다. 이때 다른 이들은 가이드의 이야기를 듣거나 보면서, 창밖을 내다보면서 중보기도를 했다.

지정한 호텔에 도착해 간사들이 함께 회의하다 보면 경찰들이 그

새 어떻게 알았는지 쥐도 새도 모르게 와서 방해를 놓거나 해산을 시키곤 했다. 방마다 도청장치가 있는 건 아닐까 하는 우려에 TV를 크게 켜놓고 이야기하거나 회의를 진행했다. 전도 여행 2주 동안 아침 일찍 묵상을 해야 하는데 쉽지가 않을 것 같았다. 결국 우리는 서로 약속을 했다. 새벽 5시쯤에 팀별로 객실마다 전화를 해서 신호가 2번 울리면 수화기를 내려놓기로 했다. 전도 여행팀을 크게 7팀으로 나누고, 다시 한 팀을 몇조로 나누었다. 모두가 일사불란하게 지정된 방으로 가서 그곳에 모인 자들끼리 예배를 드리기로 했다. 그 당시 CCTV가 없었다는 것이 지금 생각하면 얼마나 감사한 일인지 모른다.

도착 후 첫날 새벽 5시, 벨 소리가 울렸다. 우리 방이었다. 우리는 지정된 방에 모였고, 찬양 인도자는 귓속말로 함께 부를 찬양 제목을 전달했다. 기타를 들고 C키를 조심스럽게 엄지손가락으로 위에서부터 아래로 잡았다. 그리고는 목소리 없이 입만 뻥긋뻥긋하며 찬양하기 시작했다.

그 새벽, H국 호텔에서는 그 어떤 소리도 들리지 않았다. 찬양 인도자의 기타 소리도 형제자매들의 찬양 소리도 아무것도 들을 수 없었다. 그저 말없이, 아픈 눈물로 하나님을 예배했다. 하지만 모든 만물이 우리와 함께 깨어나 하나님을 찬양하는 듯했다. 주위에서는 천사들이 하나님을 높이고, 캄캄한 새벽하늘 별들이 반짝거리며 위대하신 하나님을 찬양하는 듯했다.

이렇게 우리는 매일 새벽마다 새로운 영적인 세계를 맛보며 하나님을 찬양했다. 이날부터 나의 예배는 살아나기 시작했다. 매일 새벽마다 경험하는 그분의 임재가 너무 행복했다.

> 나의 영혼이 잠잠히 하나님만 바람이여 나의 구원이 그에게서 나오는도다 오직 그만이 나의 반석이시요 나의 구원이시요 나의 요새이시니 내가 크게 흔들리지 아니하리로다(시 62:1-2)

시편 기자는 수금 전문가였고, 찬양을 잘 하는 사람이었다. 아마도 우리같이 마음껏 찬양할 수 없는 상황에 놓여있었던 것 같다. 자기를 죽이려는 사람들이 일제히 공격하고 넘어뜨리려고 계략을 꾸미는 상황, 소망도 희망도 없는 상황에서 '나의 영혼아 잠잠히 하나님만 바라라!'고 스스로에게 외친 것이다. 내면 깊은 곳에서부터 하나님을 부르짖는 모습, 이유는 다르지만 우리가 꼭 그 처지였다.

전도 여행 1주일이 지나갈 무렵, 우리는 K지역으로 이동하기 위해 여객선 대합실에서 기다리고 있었다. 그날은 주일이었다. 오전 11시쯤 됐을까…. 조용한 대합실 끝에서 누군가의 목소리가 울려 퍼졌다. 아주 잔잔한 목소리였다.

예수님께서 우리의 왕이 되심을 인정하는 찬양이었다. 대합실의 적막을 깨고 울려 퍼진 거룩한 고백. 순간 전염병이 번지듯 한 명씩 한 명씩 찬양을 따라 부르기 시작했다. 이윽고 대합실에 있는 400여 명의 목소리가 모여 웅장한 합창으로 울려 퍼졌다. 그 찬양 소리는 생전 처음 들어보는 아름다운 천상의 아카펠라 같았다. 이곳저곳에서 방언으로 드리는 찬양이 마치 오케스트라의 향연을 방불케 했다. 대합실에 있던 모든 사람이 그 아름답고 거룩한 찬양에 압도되어 숨이 멎는 듯했다. 가이드들은 화들짝 놀라 찬양하고 있는 우리를 저지하려고 했다. 그런데 그때 팀 리더들과 간사들이 가이드들과 대화를 하더니 찬양 예배는 계속되었다. 모든 형제자매가 하늘을 향해 두 손을 힘껏 뻗은 채 하나님을 찬양했다. 지난 한 주간 마음껏 찬양하고 기도할 수 있기를 간절히 사모한, 그 귀한 기다림이 터져 나온 것이다.

찬양은 몇십 분 동안 계속되었고, 어느 정도 잠잠해질 무렵 K지역으로 이동해야 한다는 가이드의 목소리가 들렸다. 그곳으로 가기 위해서는 배를 타야 했다. 선착장에 도착한 우리는 탄성을 지를 수밖에 없었다. 찬양이 저절로 나오는 빼어난 절경이었다.

하나님이 창조하신 자연을 보니 감탄과 찬양이 나올 수밖에 없었다. 강 주변은 하늘을 찌를 듯한 기암절벽으로 둘러싸여 있었고, 곳곳에 펼쳐진 아름다운 나무와 꽃들이 우리 팀을 반기듯 활짝 웃고 있었다. 마치 창조의 절정을 보는 듯했다.

못내 아쉬웠던 대합실에서의 짧은 찬양 예배. 그 거룩한 감동은 하나님께서 창조하신 강과 계곡을 보며 계속되었다. 어디서 나온 담대함일까? 우리 간사들과 리더들은 가이드들에게 눈을 질끈 감고 이렇게 요청했다.

"이곳은 강이고, 기암절벽이 있는 곳이니 당신들만 눈감아주면 우리는 창조주 하나님을 찬양하고 예배할 것입니다. 우리가 예수 믿는 사람들인 줄 아시지 않습니까? 이곳은 도시 중앙도 아닌 산속이고, 감시하는 경찰도 없고 공공장소도 아니니 저희가 마음껏 찬양하고 하나님께 예배할 수 있도록 허락해주십시오."

가이드들은 심각하게 상의를 하더니 마침내 허락을 해주었다. 다만 배가 도착하면 모든 것을 중지하라고 지시했다. 할렐루야! 그 순간 얼마나 환희에 찬 함성이 터져 나왔는지 모른다. 찬양 인도자들은 가지고 온 기타들을 케이스에서 꺼내어 온 천하에 울리도록 힘껏 연주했고, 우리는 목청껏 하나님을 찬양하기 시작했다.

그 순간 우리가 있는 곳이 주님께서 거하시는 궁정이었다. 우리는 주님께 감사드리며 그분의 이름을 송축하고, 기쁨으로 찬양을 드렸다. 전심을 다해 춤을 추기 시작했다. 기차놀이를 하고, 배 갑판 위를 뛰기도 하고, 손을 들고 흔들며 온몸으로 하나님을 찬양했다. 가이드들은 그런 우리를 신기한 듯 물끄러미 바라보았다. 그러던 중 우리를 담당한 가이드 자매는 웬일인지 갑자기 얼굴이 환해졌다.

우리가 탄 배가 몇 시간을 미끄러져 가는 동안 강 주변에 사는 사람들이 보였다. 이름도 모르고, 외모도 생소한 사람들이었다. 나무 위에 집을 짓고 사는 사람, 강변에 작은 배를 수십 척 이어 그 위에 집을 지어 사는 사람, 직접 다이빙을 해서 물 안으로 들어가 물고기를 잡아 올리는 사람 등 다양한 모습의 낯선 종족을 볼 수 있었다. 우리는 멀리서나마 손을 흔들고, 그들을 위해 중보기도하기 시작했다.

이 일 후에 내가 보니 각 나라와 족속과 백성과 방언에서 아무도 능히 셀 수 없는 큰 무리가 나와 흰 옷을 입고 손에 종려 가지를 들고 보좌 앞과 어린 양 앞에 서서 큰 소리로 외쳐 이르되 구원하심이 보

좌에 앉으신 우리 하나님과 어린 양에게 있도다 하니(계 7:9-10)

우리는 말씀에 의지해 목청 높여 기도했다.

"하나님! 언젠가는 저희가 이곳에 와서 이 민족에게 예수님의 복음을 전할 날이 오겠지요? 주님 저희를 보내 주세요. 저들을 구원하소서! 하나님! 제가 여기 있습니다. 나를 보내소서!"

또한 이사야 선지자와 같이 선포했다.

"그날에는 각 나라와 지금 저희가 마주하고 있는 족속들과 백성과 방언에서 아무도 능히 셀 수 없는 큰 무리가 나와 다 같이 흰옷을 입고 손에 종려 가지를 들고 어린양 예수님을 찬양하는 날이 올 것입니다. 주님, 모든 민족으로부터 영광을 받으소서!"

그때 한 배에 탔던 형제자매들 가운데 상당수는 지금 이 모양 저 모양으로 전임 사역자, 선교사, 목회자가 되어 하나님의 역사 속에서 걸어가고 있다. 각자의 영역에서 하나님의 영광을 위해 사는 그들의 소식을 들을 때마다 가슴이 뛴다. 모든 것이 하나님의 은혜이다.

변화는 이뿐만이 아니다. 우리가 갑판 위에서 찬양할 때 우리를 담당했던 가이드 자매가 평소와는 달라 보였다. 심경에 변화가 온 듯했다. 마지막 날 우리 팀 자매들은 그 가이드 자매를 위해 축복송을 불러 주었다. 놀랍게도 그녀의 눈에 눈물이 고였다. 하나님이 그 자매의 마음을 만지신 것이다.

"예수님의 이름으로 사랑합니다."

우리가 전할 말은 그것뿐이었다. 누군가가 그 자매에게 복음을 전해주길 기도할 뿐이었다.

그렇게 전도 여행을 마치고, H국을 향한 불타는 마음을 떨쳐버릴 수 없었다. 나의 온 신경이 H국을 향해 있었다. 당장이라도 H국으로 달려가고 싶었다. 어찌 말로 이 마음을 다 표현하랴? 예수님이 말씀을 풀어주셨을 때 제자들이 경험했던 그 뜨거운 마음이 이러했을까? 주님을 전하지 않으면 도저히 견딜 수 없을 것 같았다.

하지만 하나님은 나를 몽골로 부르셨다. 1993년 3월의 추운 어느 날, 그렇게 몽골로 들어갔다. 가서 보니 공산권 구소련이 막 무너진 상황이었다. 몽골은 소련에 이어 두 번째로 공산국가가 되었던 나라다. 그런 몽골이 민주주의를 채택한 지 2년도 채 안된 때라 정세가 어수선하고 경제는 많이 흔들리고 있었다. 수도 울란바토르Ulaanbaatar에는 복음주의 교회가 5개 정도 있었고, H국 사람들 5,000여 명이 한곳에 운집해서 살고 있었다. 나는 울란바토르에서 사역하면서 이제는 H국을 갈 수 없다고 생각하며 몽골에 집중했다. 앞으로 닥칠 우리들에 대한 하나님의 계획을 전혀 모르는 채 말이다.

"네? 주님, 뭐라고요?"

하나님은 상상치도 못한 방법으로 우리를 인도하신다. 가끔 악! 하고 비명을 지를 만큼 신선한 충격까지 주시면서 말이다. 그때마다 주님은 우리에게 이렇게 말씀하신다.

> 나의 생각은 너희의 생각과 다르며 너희의 길은 나의 길과 다르다
>
> (사 55:8, 새번역)

Stop Sign

두 번째
쉼표

우선멈춤은
광야학교

고물차 탄 신부

결혼은 환상이 아니다. 미혼들은 가끔 결혼을 환상처럼 느끼며 살곤 한다. 나 역시 그랬다. 그러나 결혼은 현실이다. 결혼하기 전의 사랑과 결혼한 후의 사랑은 동일한 사랑이지만 다른 차원의 사랑이라 말할 수 있다. 연애하는 시간에는 무엇이든 다 좋다. 이래도 좋고, 저래도 좋고, 그럼에도 불구하고도 좋다. 어려움도 어려움으로 느껴지지 않는다. 사랑의 감정으로 무뎌진 감각은 환상 속에서 모든 것이 좋아 보인다. 앞으로의 펼쳐질 결혼생활이 어떤 어려움으로 연결될지 아무 것도 모른 채, 마치 바람을 맞으며 신나게 질주하는 오토바이와 같은 것. 이것이 연애 시절이다. 나도 마찬가지였다.

"김 선교사님! 선택의 폭을 넓히시지요! 선교사님 나이가 33세이니까 신랑감은 28~38세까지 보시면 올해 안에 시집갈 수 있습니다."

선교지에 도착한 그다음 날. 몽골에 연구조사차 오신 J화백이 선교사들을 모아 식사초대를 한 자리였다. 나는 그 자리에 있던 싱글 여선교사에게 아무 사심 없이 웃으며 조언을 건넸다. 오로지 선교에만 관심이 있는 몇몇 30대 여선교사님들이 안타까운 마음에 던진 말이었다. 정말 아무 생각 없이 그저 연하남의 신분으로 툭 뱉은 농담이었다. 그런데! 그 책임을 내가 지게 될 줄 누가 알았을까. 하나님 은혜로 그 해가 넘어가기 전 12월 말. 나는 그 '김 선교사님'과 부부가 되었다.

1993년 3월, 나는 처음으로 몽골에 입국했다. 그 당시 몽골은 구소련의 해체와 더불어 개방된 지 얼마 안 된 시기였다. 모든 것이 불안정하고 어수선했다. 통신사정도 좋지 않아 우편물은 분실되기 일쑤였다. 때문에 선교사나 선교 관계자가 몽골로 들어간다는 소식만 들려도 개인이나 단체에서 사람들이 마구잡이로 몰려와 몽골에 계신 분들의 선교비 및 크고 작은 소포들을 부탁하곤 했다.

나 역시 예외는 아니었다. 한국 예수전도단에서 파송 받고 출발준비를 하는데 어떻게들 알았는지 여기저기서 부탁을 해 왔다. 3단짜리 이민 가방이 어느새 다른 선교사들의 짐으로 3분의 1이 채워졌다. 그 짐들 사이에 -나보다 1년 먼저 몽골에 가 있던- 장차 내 아내가 될 선교사의 것이 있었음을 그 누가 알았을까!

몽골 울란바토르에 도착한 첫날, 나는 많이 피곤했다. 그 당시에는 한국에서 바로 몽골로 가는 직항이 없었다. 김포 공항을 출발해 중국 천진 공항에 도착한 후 모든 짐을 찾아 다시 북경으로 가야만 했다. 승합차를 타고 동료 선교사와 함께 북경에 도착해 하룻밤을 묵고, 다시금 북경 공항에서 출국 수속을 한 다음에야 몽골로 들어갈 수 있었다.

몽골에 도착한 날, 나를 반가이 맞아준 것은 따스한 봄바람이 아닌 3월의 혹독한 꽃샘추위였다. 3월 말의 따사로운 봄볕을 기대한 건 아니지만 아직 눈이 곳곳에 쌓여있는 몽골의 3월은 그야말로 살을 에는 듯한 살벌한 추위였다. 봄가을 용 외투 바람에 얼굴과 손발이 모두 꽁꽁 얼어붙어 우리는 흡사 동태 같은 꼴로 몽골을 마주했다. 반면에 마중 나온 K선교사는 완벽한 겨울 옷차림이었다. 몽골의 봄을 한국의 봄처럼 편히 생각한 우리의 실수였다. 향긋한 꽃 내음에 햇빛 따사로운 눈부신 봄은 없었다. 우리가 체감하는 몽골의 겨울은 눈이 내리기 시작하는 9월부터 눈이 다 녹아 없어지는 그다음 해 5월까지라는 것을, 몽골 땅에서 직접 살면서 알게 되었다.

숙소에 도착하여 잠시 쉬어볼까 싶었는데 손님들이 밀려들어 왔다. 선교비며, 편지며, 각종 소포 등을 눈 빠지게 기다려온 선교사들이었다. 그들과 짧은 인사를 뒤로하고, 바로 이민 가방을 풀었다. 물건을 찾아 건네며 한동안 분주한 시간을 보냈다. 피곤이 몰려왔지만 소포와 편지를 받아 가는 선교사들의 환하고 즐거운 모습에 나의 피로는 어디론가 사라지고 만족감으로 충만해졌다. 놀라운 일은 그들 사이에 훗날 내 아내가 될 자매도 있었으니 바야흐로 하나님의 역사하심은 이렇게 시작되었다.

그 당시 울란바토르의 한국 선교사들은 한 달에 한 번, 각 집을 돌며 모임을 가졌다. 함께 저녁 식사를 하고 예배를 드리며 중보기도와 교제의 시간을 가졌다. 몽골은 워낙 식품이나 물건들이 귀한 터라 서로 정보도 얻고 뭐든 나누는 좋은 시간이었다.

그런데 모임 때마다 한 자매가 자꾸 눈에 들어왔다. 그녀는 나보다 4살 연상이었다. 다른 이들보다 먼저 가서 집주인의 일을 거들어주고, 모임 후에는 설거지며 뒷정리까지 도와주고 가는 아름다운 섬김의 자매였다. 그녀의 섬김이 참 귀하게 보였다. 온유하고 따뜻한 성품으로 몽골 영혼들을 사랑하는 그 마음이 나를 사로잡았다.

사실 내가 소속되어 있는 선교단체에는 젊은 자매 사역자가 많았다. 때문에 몽골에서, 그것도 네 살 연상의 자매와 결혼한다는 것은 꿈에도 생각지 못한 일이었다. 그러나 사랑이 어디 나이 차이를 겁내던가! 어디 국경을 두려워하던가! 그렇다. 사랑은 현실의 어려움을 극복할 힘이 있다. 나이 차이도, 편견의 벽도, 우습게 무너트릴 힘이 사랑에 있는 것이다.

이런 엄청난 사랑의 힘에도 불구하고, 결혼을 향해 가는 길이 순조롭지만은 않았다. 게다가 몽골 현지에서 결혼식을 올리는 것은 여간 힘든 일이 아니었다. 어느 때엔 결혼을 준비하는 것이 마치 절벽에서 줄타기하듯 아찔하게 느껴지기도 했다.

그러나 사랑의 불씨는 어떤 어려운 상황에서도 꺼지지 않았다. 양가에서는 나이 차이와 타국 땅에서 결혼식을 올리는 것 등, 거의 모든 것을 문제 삼았다. 하지만 '지성이면 감천'이라고 했던가! 결국 양가 부모님께서는 우리 둘을 인정하시고 축복해주셔서 하나님의 은혜 가운데 결혼식을 거행하게 되었다.

한국에서 소포로 보낸 신랑·신부의 결혼 예복이 결혼식 전날 저녁 늦게 도착했다. 우리 둘과 몇몇 동료는 함께 웨딩드레스와 양복을 밤늦게까지 다림질했다. 신랑이 결혼식 전날 밤늦도록 신부의 드레스를 직접 다림질한 경우는 아마 거의 드문 일이지 않을까? 예식 장소에 붙일 글씨를 준비하느라, 떡과 음식을 직접 준비하느라 여러 동역자가 밤잠을 설쳤다. 많은 이들이 정성스럽게 우리 부부를 섬겨 주며 결혼식을 준비해 준 것이다.

드디어 결혼식 날. 몽골의 선교사들과 교민들, 대사관 사람들과 몽골어 선생님들을 비롯한 몽골 친구들이 우리의 결혼을 축하하기 위해 모였다. 내가 결혼했던 12월 말의 그날은, 영하 30도를 오르내리는 몹시도 추운 날이었다. 전날에 내린 함박눈으로 도로의 차들은 거북이걸음을 하는 상황이었다.

그런데 설상가상으로 나의 신부는 신부단장을 도와주신 두 분과 꽉 끼는 불편한 웨딩드레스를 입은 채 집 밖에서 30분을 기다려야만 했다. 예식장에 갈 차량을 잡기 위해서였다. 예식장인 러시아문화관 정문에서 기다리는 내 시계는 2시 20분을 가리키고 있었다. 결혼식은 2시였는데 말이다. 예상대로라면 이미 도착하고도 남을 시간이었다. 나는 예복을 입은 채로 서서 기다릴 수밖에 없었다. 초조했다. 혹시 오다가 사고라도 난 건 아닐까. 초조한 마음에 주여, 주여 만을 되뇌었다.

그렇게 한참을 서 있는데 멀리서 흰색 러시아 차가 식장을 향해 돌진해 오는 것이 보였다. 비즈니스를 하는 교민 한 분은 결혼식 날 하루 종일 쓰라며 우리에게 검은색 고급 승용차를 빌려주셨다. 하지만 내 눈에 보이는 차는 앞을 보아도 옆을 보아도 성한 데가 한 군데도 없었다. 점점 가까워져 오는 차는 외관상으로 볼 때 적어도 30년 정도는 돼 보였다. 낡고 볼품없는 찌그러진 고물차였다. 나중에 들으니 신부에게 보내진 차는 중간에 예기치 못한 일로 신부가 아닌 웨딩 케이크를 태우고 그냥 식장으로 왔다고 했다. 결국 신부 일행은 기다리던 검정색 고급 웨딩카가 오지를 않자 다른 차라도 잡기 위해 발을 동동 굴렀던 것이다. 날도 춥고 도로 사정이 안 좋은 탓에 빈 차량이 없어 애를 먹다 겨우 잡은 차가 바로 그 고물차였다.

하지만 차가 뭣이 중한가, 차 안에 누가 탔느냐가 더 중하지! 그 고물차 속에서 해맑은 미소를 머금고 나오는 여인이 있었으니, 이 세상에서 가장 아름다운 나의 신부였다. 순간 고물인 그 차가 내 눈에 잘 빠진 광채 나는 흰색 리무진으로 보였다. 사랑하는 내 신부가 탄 차였기 때문이다. 사랑은 돈으로 말하지 않는다. 사랑은 환경으로도 말하지 않는다. 사랑은 마음으로 말하는 것이다. 아무리 비싸고 좋은 리무진을 타고 온 신부라도 사랑하는 마음이 없다면 그 리무진이 빛나 보일까? 신부를 태우고 온 차가 비록 낡은 똥차였지만 내가 그녀를 진정으로 사랑했기에 그 차 역시 귀해 보였다. 그렇게 그 낡은 차는 외관과 상관없이 선교사 커플의 결혼 사역에 귀하게 쓰임 받았다.

하나님의 부르심에 합당하게 살기로 결정하고 순종하여 각각 몽골에 들어온 두 젊은이가 그 땅에서 서로 처음 만나 결혼을 했다. 우리 두 사람에게 한 비전을 주시고, 같은 길을 가게 하신 하나님께 우리 가정을 위탁했다.

하나님은 우리에게 몽골을 사랑하는 마음을 주셨다. 우리가 한 것은 오직 주신 젊은 시절에 감사하며, 그 땅에서 즐겁게 지냈을 뿐이다. 그런데 돌이켜보니 하나님께서는 우리의 즐거움을 통해 아름다운 일을 많이 허락하셨다. 몽골의 2대 도시인 다르항에서 YWAM 베이스가 개척되고, 그곳에서 제자훈련학교와 지도자훈련학교, 가정 사역학교 등을 통해 800여 명이 훈련을 받았다. 또 그곳에 헌신 된 제자와 지도자들도 많이 세워졌다.

2003년 3월, 교회개척과 YWAM 베이스 개척을 목표로 울란바토르에서 우리와 함께 다르항으로 이주한 P형제와 T형제는 '세르긍만달 교회'를 중심으로 시골교회 개척에 젊음을 불살랐다. 그 후 P와 T형제는 우리 제자훈련학교를 마치고 전임 사역자가 된 M형제와 함께 목사안수를 받고 사역하다가, 각각 다르항시의 목회자연합회 총회장으로 섬기게 됐다.

2010년 12월, 목사가 된 T형제를 YWAM 다르항 베이스 책임자로 세웠는데, 현재 그는 몽골 전체 600개 교회의 부총회장과 다르항시 목회자연합회 총회장으로 섬기고 있다. M형제는 교회 사역을 책임 맡아 다르항 '세르긍만달 교회'를 중심으로 7개의 지방교회와 4개의 가정교회를 섬겨왔고, 2018년 여름에는 러시아 부랴트Buryat 공화국의 수도 울란우데에 선교사로 파송될 것이다.

P간사는 나와 함께 가족제자훈련학교Family DTS를 개척했고, N간사는 싱글 대상인 여호수아 제자훈련학교Joshua DTS를 개척해 지도자를 훈련하고, YWAM 찬양 사역을 책임지고 섬겼다. 올 여름엔 그도 목사

안수를 받고, 부흥교회 연합회RCA: Revival Church Alliance의 책임자로 사역을 시작할 것이다. 우리와 함께 사역하던 K선교사는 유치원 교육 선교를 개척해 2003년에 초대 원장을 맡았다가 몽골 현지인 N선생에게 이양했다. 이 모든 사역의 열매는 하나님의 특별한 개입과 섭리에 의한 것이다. 하나님께서는 이렇게 헌신되고 충성스런 현지인 사역자들을 주셨다. 그들에게도, 하나님께도, 항상 감사한 마음뿐이다.

우리 부부가 몽골 땅에서 결혼하여 가정을 이루고, 현지인들과 함께 젊은 시절을 보낸 것은 큰 은혜였다. 하나님의 큰 축복을 누리는 귀한 시간이었다. 때로는 이해할 수 없는 시간과 아픈 시련도 있었지만, 그 모든 시간 가운데 하나님의 특별한 역사가 있었음을 고백한다. 내 뜻이 아닌 하나님의 뜻을 구하며 기다리고 인내하니, 하나님의 온전하심을 만날 수 있었다.

> 내 형제들아 너희가 여러 가지 시험을 당하거든 온전히 기쁘게 여기라 이는 너희 믿음의 시련이 인내를 만들어 내는 줄 너희가 앎이라 인내를 온전히 이루라 이는 너희로 온전하고 구비하여 조금도 부족함이 없게 하려 함이라(약 1:2-4).

우리는 인생 가운데 하나님을 얼마나 인내함으로 기다리고 있는가. 혹 기다리다 지쳐서 포기하고 뒤로 물러서고 있지는 않은가. 구하고 구해도 하나님께서 말씀하지 않으시는가? 주께서 아무 일도 하지 않으시는 것처럼 보이는가?

하나님의 침묵은 '동사Verb'이다. 아무 일도 일어나지 않는 듯 보여도 사실은 그렇지 않다. 그분은 언제나 쉬지 않고 일하신다. 그분의 침묵은 '현재진행형'이다.

감자가게에서 줄서기

감사는 "감사합니다."라고 표현해야 감사가 되는 것이다. 지난날을 돌아보니 하나님께서 우리에게 얼마나 다양한 방법으로 많은 축복을 주셨는지 감사를 드리지 않을 수 없다.

어느 추수감사절에 아내와 아이들을 불러서 올 한해 감사한 일을 적어보자고 했다. 한 사람 한 사람씩 돌아가며 말한 것을 받아 적어 내려가는데 감사의 내용이 끊이지 않고 계속 나와 어느덧 A4 용지에 가득 차고 넘쳤다. 그중 가장 기억에 남는 것은 어느 해 A교회에서 몽골을 방문해 선교사 부부 축제를 열어준 일이었다.

축제 마지막 날 아내는 남편에게, 남편은 아내에게 각자 편지를 쓰는 시간이 있었다. 편지의 첫 번째 내용은 배우자와의 첫 번째 만남부터 지금까지 감사한 일, 두 번째는 배우자에게 용서를 구할 일, 마지막 세 번째는 앞으로의 다짐이나 부부간의 약속을 쓰는 시간이었다. 나는 아내에게 편지를 써 내려가며 얼마나 울었는지 모른다. 워낙에 작은 내 눈이 퉁퉁부어 감긴 눈처럼 되어 버렸다. 93년에 몽골에서 처음 만나 몽골서 결혼하여 두 딸을 선물로 받고, 지금까지 25년간 동고

동락해 온 성숙한 아내를 주신 하나님께 감사했다. 그때 하나님께서는 선교사로 헌신하여 몽골에 들어온 우리 부부의 인생 전체를 책임져 주시겠다고 말씀하셨다.

90년대 초 몽골에는 먹을 것이나 생필품 등이 풍부하지 않았다. 몽골의 상점은 텔레비전에서 가끔 보던 옛 동구권의 어느 가게와 같은 모습이었다. 식품들이 많이 진열되어 있지 않음에도 사람들이 줄지어 서서 자기 차례를 기다리는 모습, 감자나 당근 등을 하나라도 더 사려고 애쓰는 장면들이 마치 내가 동구권에 있는 듯한 착각에 빠지게 했다.

그 당시 몽골에서는 외출할 때 반드시 지니고 가야 하는 필수품이 있었다. 바로 시장 가방이다. 길을 지나다가도 뭔가가 눈에 띄면 바로바로 그 자리에서 사야 했다. 나중에 와서 사야지, 하다간 번번이 구입에 실패한다. 나중이란 없었다. 한 상점에 오이나 달걀 등 구하기 어려운 식품이 나오면 가능한 한 많이 샀다. 다른 분들과 나누어 먹기 위해서이다. 만일 살 여건이 안 되면 되도록 빨리 다른 분들께 정보를 드리곤 했다.

그 당시 우리에게 먹고 사는 문제는 가장 큰 비중을 차지했다. 선교사들이 모여 담소하는데 한 분이 이런 말을 했다.

"우리 대화가 영혼 구원보다 먹는 얘기가 주를 이루는데 우리가 이래도 됩니까?"

모두 껄껄 웃어넘겼지만 당시는 정말 먹고 사는 문제도 무척 중요했다.

어느 추운 겨울날이었다. 감자가게 앞에서 두 시간 넘게 기다렸다가 겨우 1kg을 사서 삶아 먹었다. 또 다른 어느 날 오후, 역시 감자를 사려고 오랫동안 줄서서 기다리는데, 어느덧 5시가 되었던 듯하다. 점원 아줌마가 이제 문 닫을 시간이라며 바로 내 앞에서 상점 문을 쾅 닫아 버리는 것이 아닌가. 너무 허탈해 마음이 헛헛했다. 내 뒤로 아직도 줄이 긴데 얼마나 야속하던지. 그러나 그것도 잠시, 빨리 체념하고 여유를 찾아 뒤돌아서 갈 수밖에 없다.

뿐만 아니다. 관공서에 서류 하나 받으러 갈 때도 직원의 무뚝뚝한 한마디를 듣곤 했다.

"내일 오세요."

이 말을 열흘 넘게 듣게 된다고 생각해 보라. 아마 누구든 발끈하는 마음을 한 번쯤은 품을 것이다. 그러나 나뿐 아니라 몽골 개방 초창기에 왔던 선교사들에게서는 볼멘 불평의 말을 한마디도 들은 기억이 없다.

"아, 오늘은 뭘 먹지?"

"아, 당근이 먹고 싶다."

"구청이 정말 운동 많이 시키네."

이런 귀여운 투정은 있을지언정 말이다. 오히려 그 가운데 감사가 넘쳤다. 감사할 수 없는 상황에서 감사할 수 있는 이유는 하나님의 사랑이 우리를 휘감고 있었기 때문이다. 하나님께서 몽골 땅을 얼마나 사랑하시는지 우리가 알기 때문이다. 생명까지 내어주신 당신의 사랑을 몽골 땅에 넘쳐나게 하라고 우리를 그곳에 보내심을 알기 때문이다.

하루는 우리 집 문을 두드리는 노크 소리가 크게 들렸다.

'똑똑똑똑똑똑똑똑똑똑…'.

한국 사람은 노크할 때 보통 3번 정도 두드리지만, 몽골 사람들은 보통 빠르게 10번 정도 두드린다. 문을 열어보니 몽골 현지인이 물건을 팔러 한국 사람을 찾고 있었다. 우리가 사는 작은 아파트 단지에 한국인이 여러 가정 살고 있었는데, 나를 보더니 몽골어로 이렇게 말하는 것이 아닌가!

"여기 한국 사람 없어요?"

"예, 없습니다. 다른 곳에 가보세요."

나는 몽골어로 이렇게 답했다. 몽골 사람에게 현지인 취급을 받아 얼마나 기분이 좋았는지 모른다.

"당신은 몽골사람보다 더 몽골사람 같네요."

몽골에 사는 동안 나를 가장 설레고 기쁘게 한 말이다.

아내가 첫 아이를 가졌을 때 입덧이 좀 심했다. 그런데 하필이면 몽골에서 구하기 힘든 음식들만 찾는 것이다. 아내도 몽골 사정을 잘 아는 터라 무심코 한 말이었다. 그럼에도 나는 아내가 원하는 음식들을 찾으러 열심히 울란바토르 전 지역을 돌아다녔다. 몇 시간을 걷고 뛰어다녔지만 기쁘고 감사했다. 공용택시도 없고, 버스나 무허가 영업용 자동차는 거의 20~30분에 한 대씩 지나가던 시절이었다. 그래도 감사할 수 있었던 것은 울란바토르 시내를 구석구석 걸어 다니며, 그 땅을 위해 중보기도하고 축복하는 시간을 가질 수 있었기 때문이다.

결국 아무것도 구하지 못하고 돌아올 때가 많아 아내에게는 미안했지만, 하나님께는 감사할 수 있었다.

우리는 그때도 인내하며 기다리는 것을 배웠다. 뭐든 잘 먹던 아내가 입덧으로 고생하는 것을 보면서 조금만 참자, 한두 달만 지나면 입맛이 돌아올 거라고 위로했다. 새 생명이 태어나기까지는 40주를 기대하며 온전히 기다려야 한다. 그 기다림의 시간은 하나님의 '우선 멈춤'의 순간이었다. 하나님과 깊이 교제하는 시간이었다. 입덧으로 눈물을 뚝뚝 떨구고 있는 아내의 두 손을 잡고 이렇게 말했다.

"여보, 진짜 미안해. 내가 이렇게밖에 못해줘서…. 너무 안타깝네. 그러나 예수님 때문에 우리가 이곳에 있잖아. 이게 얼마나 귀한 특권이고 축복이겠어. 우리를 통해서 몽골 형제자매들이 주께로 돌아오고 있어. 우리의 섬김으로 교회가 세워질 거야. 조금만 더 참고 인내하자."

그러나 아내는 건강에 문제가 있어 한국으로 나가야 했고, 건강한 딸을 출산한 후 한 달여 만에 바로 몽골로 돌아왔다.

팀 켈러는 『왕의 십자가』에서 이런 말을 했다.

"인내가 뭔가? 인내는 어려운 상황에서도 포기하지 않고 끝까지 참아내는 것이다. 인내는 당장 결과가 나타나지 않아도 계속해서 열심을 다하는 것이다. 인내는 인생의 어떤 상황에서도 분노하지 않고 고통까지도 기꺼이 받아들이는 것이다."

크리스천으로 산다는 것은 인내하는 것이다. 끝까지 참고 견디며 기다리는 것이다. 인생의 모든 순간에서, 그럼에도 불구하고 기꺼이 감사하며 살아가는 것. 그것이 바로 크리스천이 누릴 수 있는 최고의 특권이자 남다른 축복이다.

뱀을 집으며 무슨 독을 마실지라도

진정으로 '헌신'한 사람은 그에 따른 대가를 지불한다. 대가 지불이 없는 헌신은 진정한 헌신이 될 수 없다.

또한 진정으로 '헌신'한 자는 보상을 바라지 않는다. 그 자체가 기쁨이고 아름다운 삶이다. 그래서 하나님께 헌신하고 위탁해 드리는 삶은 절대 쉽지 않다. 이는 마치 가파른 절벽을 오르는 것과도 같다. 저 멀리 있는 목적지로 가기 위해서 험한 절벽을 타고, 때론 깊숙한 산골짜기를 몇 개쯤 거치며 목숨을 걸어야 할지도 모르기 때문이다. 그 여정은 온 삶을 건 모험이 될 수도 있다. 이것이 진정으로 헌신한 자의 삶이다.

> 요셉이 그들에게 가까이 오기 전에 그들이 요셉을 멀리서 보고 죽이기를 꾀하여 서로 이르되 꿈 꾸는 자가 오는도다(창 37:18-19)

요셉의 인생은 17세 전후로 나뉜다. 그는 어릴 때부터 꿈을 꿨지만 17세 이전의 꿈에 대해서는 하나님의 특별한 언급이 없다. 아마 그 꿈들은 '크로노스'의 일반적인 시간 안에 있었던 것 같다.

그러나 17세 이후로 요셉은 특별한 꿈을 꾸었다. 이 꿈들은 하나님의 '카이로스'의 시간에 속한 것이었다. 하나님은 그가 꾼 꿈에 대해 말씀하셨고, 요셉은 그 꿈을 간직하며 하나님께서 행하실 일들을 기대하며 살았다.

그러나 요셉에게는 그를 질투하고 미워한 형들이 있었다. 그래서 이집트의 국무총리가 되기까지 13년이라는 세월을 예기치 않은 고난의 시간으로 채우게 된다. 어린 나이에 강제로 부모와 정든 집을 떠나 이집트에 노예로 팔리고, 보디발의 집에서 얼토당토않은 누명을 써 감옥에 갇혔다. 쉽지 않은 삶이었다. 하나님께 위탁한 삶에 이런 일이 따른다고 하면, 누가 그런 삶을 살고 싶어 할까? 이미 헌신했다면 그 헌신을 취소해 달라고 기도하고 싶을지도 모르겠다.

요셉은 13년 동안 이런 생각으로 가슴 아파했을지도 모른다.

'그날 그 꿈을 꾸지 말 걸 왜 그런 꿈을 꾸게 되었을까.'

혹 어느 날은 이런 원망을 쏟아냈을지도 모른다.

"하나님, 왜 이러십니까! 정말 내가 무엇을 그리 잘못했습니까?"

그러나 요셉은 고통 속에서 13년의 세월을 견디며, 여전히 하나님을 신뢰하고 경외하는 삶을 살았다. 결국 요셉은 이 모든 과정을 이렇게 고백한다.

'하나님의 기막힌 연출이었다.'

어릴 때 요셉이 꾸었던 그 꿈은 그를 하나님의 '우선멈춤'으로 인도했다. 비록 13년의 긴 세월이었지만 요셉은 하나님을 신뢰하며 그의 전 인생을 그분께 맡기고 헌신했던 것이다.

2001년도, 예정된 안식년이 끝나가는 해에 미국 풀러신학교에서 공부하며 파사데나에 있는 L교회에서 파트타임 사역을 할 때였다. 그동안 여러 어려움을 넘기고, 이제 좀 안정된 상황으로 접어든 때였다. 큰딸도 미국 유치원에서 친한 친구가 생겨 즐겁게 유치원 생활을 했고, 우리 부부도 선교지보다 훨씬 편한 생활에 점차 익숙해져 갔다. 몽골이 그립고 빨리 돌아가야지 하면서도 학업이 덜 끝난 상황이었다. 함께 사역하자는 분도 계셨고, 애들이 웬 고생이냐 돌아가려면 어른이나 가라고 점잖게 꾸짖으시는 어르신도 계셨다.

핑계인지 뭔지 결국 마음이 잠시 흔들렸다. 그러나 선교지로의 복귀를 미룰 수 있을 만한 여러 상황 가운데서 하나님은 내 마음의 문을 노크하셨다.

"해영아, 이제 몽골로 돌아가야지."

조용하지만 인자한 주님의 음성이었다. 또한 우리 단체의 책임자셨던 홍성건 목사님도 미국을 방문하셔서 넌지시 말씀하셨다.

"해영형제, 이제 돌아갈 시간이 된 거 아닌가?"

하나님의 분명한 음성에 1초의 주저함 없이 순종하여, 다시 몽골 땅으로 돌아가기로 결정했다.

그해 5월, 출국날짜를 3주 정도 남겨둔 어느 날 L교회의 중보기도팀, 찬양팀원들과 아이들 등 30여 명이 함께 기도원으로 올라갔다. 캘리포니아 산 중턱에 한국 기도원이 있다니 한국인 특유의 열심에 이내 감격스러웠다. 역시 의지의 한국인, 자랑스러운 한국인이었다. 좋은 시설의 기도원은 탁 트인 아름다운 경치와 더불어 개인 기도와

묵상에 탁월한 장소였다. 그곳에서 우리는 모두 다시금 하나님께 헌신하고, 우리의 삶을 위탁하기 위해 뜨겁게 또 간절히 기도했다. 예수 그리스도의 제자들이 하늘과 땅의 권세를 받고 세계 선교를 향해 나갔던 것처럼, 우리 가족도 미국을 떠나기 전 그 제자들이 받았던 성령의 권세와 능력을 충만히 받길 소망했다.

기도원에 도착한 첫날, 저녁예배를 드리는데 하나님의 영이 우리 모두를 사로잡으셨다. 참석한 모든 팀원에게 성령님은 놀라운 은혜를 허락하셨다. 나는 예배를 인도하며 하나님께 우리 각자의 삶에서 가장 귀하고 하나님보다 더 좋아하는 것이 있다면 하나님께 드리자고 말했다. '하나님, 저 이것만은 안돼요.' 하는 것이 있다면 그것을 드리자고 하였다. 우리는 기도하며 각자 적은 종이를 제단에 올려놓고 눈물로 주께 드렸다.

기도원에서의 둘째 날 아침. 어른들은 예배실에서 예배를 드리고, 10명 정도 되는 아이들은 기도원 마당에서 도우미 선생님과 놀고 있었다. 그 무리에 내 어린 두 딸도 함께 있었다. 그런데 잠시 후 한 집사님이 예배실 문을 열고 황급히 뛰어들어 오셨다.

"선교사님, 빨리 나와 보세요!"

이 말을 듣는 순간 나는 직감했다. 예진이(6세)나 예빈이(4세)에게 사고가 났다는 것을 말이다.

"누굽니까? 예진입니까, 예빈입니까?"

"예진이요!!!!!"

순간 아찔하여 아무 말도 할 수 없었다. 급히 밖으로 뛰어나갔더니 아이들과 선생님이 둥글게 한 아이 주변에 서 있었다.
"예진아!"
예진이가 그만 뱀에 물린 것이다. 아이의 오른쪽 손가락에는 뱀에 물린 자국이 선명하게 보였다. 이미 물린지 20분쯤 됐다고 하는데 주로 어린아이들인지라 뱀에 물렸어도 작은 소란만 있었을 뿐 선생님도 그 사실을 나중에 알게 된 것이다.
아이들은 뱀이 숨어 있는 바위 밑을 가리켰다. 새끼 방울뱀이었다. 나는 본능적으로 딸의 물린 부분을 입에 대고 빨기 시작했다. 나중에 알게 된 사실이지만 입으로 독을 빠는 것은 위험하고 잘못된 처치방법이다. 그러나 그때는 내가 죽는 한이 있어도 아이만은 살려야 한다는 강한 아빠의 마음뿐이었다.
예진이의 오른손 검지를 빨고 있는 내 눈에서 폭포수 같은 눈물이 쏟아져 내렸다. 이유는 두 가지였다. 하나님께 내 아이를 살려달라고 애원하는 절박함이었고, 우리를 구원하시려고 독생자 예수님을 이 세상에 보내신 하나님 아버지의 십자가 사랑 때문이었다. 아마 하나님께서도 예수님이 십자가에 달려 돌아가실 때 말없이 하늘 저편에서 눈물만 흘리고 계셨는지도 모르겠다.
"하나님 아빠! 감사합니다."
그 순간 뜻밖의 고백이 터져 나왔다. 우리를 너무나 사랑하신 나머지 예수님께서 "나의 하나님, 나의 하나님, 어찌하여 나를 버리시나이까."라고 부르짖으시는데도 아무 말씀 않으시고 침묵하셨던 하늘 아버지! 그 하나님 아빠의 사랑을 생각하면서 힘있게 예진이 손가락의 물린 부위를 빨았다. 하지만 뱀독은 이미 예진이의 체내에 퍼지기 시작했다. 얼마 되지 않아 손에서부터 증상을 나타내기 시작했다. 딸아이의 고사리만 한 손이 조금씩 부어오르더니 고무장갑에 바람을 넣은 것처럼 커지며 점점 팔 쪽으로 옮겨가고 있었다. 이런 긴급한 상황에서 마침 응급처치자격증이 있는 L집사가 구급차를 부르고, 딸아이를 문 방울뱀을 잡았다.

구급차는 가까스로 산 중턱까지 올라왔다. 우리는 산을 쏜살같이 내려가다 중간에서 딸을 구급차에 옮겨 태웠다. 보호자로서 운전석 옆에 앉아 병원으로 향했다. 그날따라 왜 그렇게 차가 더디 가는 것 같은지 내가 직접 핸들을 잡고 운전하고 싶은 심정이었다. 시간이 지체될수록 가슴이 타들어 갔다. 딸아이의 손을 잡으니 그저 하염없이 눈물만 흘러 나왔다.

"아빠, 아빠…."

힘없는 아이의 외마디 외침이었다.

"그래, 그래…. 곧 괜찮아질 거야."

나는 겉으로는 아이를 위로했다. 그러나 마음속 깊은 곳에서는 하나님께 부르짖고 있었다.

'하나님 제발 안 됩니다.'

'우리 딸 만큼은 안 됩니다. 저한테 정말 왜 이러세요?'

'하나님께 헌신했는데, 왜 이런 결과가 나타나는 거죠?'

'아니면 저희가 혹시 결정하는데 잘못한 것이 있습니까?'

'저희가 하나님의 음성을 잘못 들었습니까?'

'이제 미국 땅을 떠나 선교지로 돌아가기로 결정하고, 새롭게 헌신하고 위탁한다고 했는데…. 기도원에서 기도하며 성령님의 놀라운 은혜도 받았는데 왜 이런 시련을 주십니까?'

미친 사람처럼 울고불고 맘속으로 애원하듯 기도했다. 딸아이를 도와달라고, 딸 대신 나를 데려가시라고 기도했다. 그때 저 내면 깊숙한 곳에서 하나님 아버지의 세미한 음성이 들려 왔다.

"해영아! 내가 오늘 너의 딸을 데리고 가련다. 그래도 너 선교지에 갈 수 있겠니?"

하나님의 그 질문에 눈물이 얼굴을 완전히 덮어버려 앞을 볼 수조차 없었다. 나는 그 자리에서 예진이 손을 잡은 채 이렇게 대답했다.

'예, 하나님. 그런데 예진이만 데려가시렵니까? 그럼 둘째 딸도 있으니 데려가십시오. 누구보다 사랑하는 제 아내도 있습니다. 이 3명을 다 데리고 가신다 할지라도 저는 다시 선교지로 돌아가겠습니다.'

그 순간 떠올랐다. 전날 밤, 하나님께 가장 소중한 것을 드리기로 기도할 때 내 사랑하는 가족 세 명을 종이에 적은 것을 말이다.

구급차를 타고 기도원을 떠나면서, L교회 중보기도팀장에게 전화를 했다. 기도팀에 속한 300여 명의 성도가 긴급 연락을 받고 예진이를 위한 중보기도를 시작했다. 그 당시 L교회의 중보기도 사역은 매우 체계적이었다. 기도에 용사인 성도들이 그곳에 모인 것이다.

드디어 하나님께서는 성도들이 곳곳에서 하늘로 올리는 기도 소리를 들으셨다. 방울뱀에 물린지 1시간이 지났을까, 어깨 밑에서 부종이 멈추었다. 뱀독이 전신으로 퍼지지 않고 그친 것이다. 기도원을 떠난 지 1시간 반쯤 되어 병원에 도착했고, 의료진은 신속하게 움직였다. 의사들은 부종의 진행을 수시로 살피며 해독약을 찾느라 분주했다. 하나님은 우리의 피난처이시요, 피할 바위이시다. 방울뱀의 독은 예진이를 삼키지 못했다. 재앙이 우리 집안으로 들어올 수 없었다.

네가 말하기를 여호와는 나의 피난처시라 하고 지존자를 너의 거처로 삼았으므로 화가 네게 미치지 못하며 재앙이 네 장막에 가까이 오지 못하리니(시 91:9-10)

예진이가 입원한 남가주의 병원은 감사하게도 독뱀에 물린 환자를 치료하는 뱀 전문 치료병원이었다. 중환자실에 있는 예진이를 보러 수시로 의료진이 다녀갔다. 방울뱀에 물린 어린 환자가 드물어 교육차 오는 전공의들과 치료차 오는 의료진으로 병실은 북새통을 이루었다. 병원 관계자들은 산에서 병원까지 오는데 오랜 시간이 지났음에도 뱀독에 의한 증상이 생각보다 나쁘지 않다는 사실에 신기해했다.

의료진은 20여 종의 해독제를 딸아이에게 투여하기 시작했다. 어린아이에게 과중하지만 회복을 위해서 어쩔 수 없는 처사였다. 의사는 조심스럽게 해독제의 부작용에 대해서도 말해주었다. 다행히 L집사가 잡아 온 새끼 방울뱀은 해독제를 찾는데 큰 도움이 되었다. 일반적으로 어떤 뱀에 물린지를 알지 못할 경우는 해독제를 찾는데 큰 어려움이 따르고, 자칫 생명을 잃게 될 수도 있다.

그렇게 하나님의 은혜와 많은 이의 기도로 예진이는 3일 만에 퇴원했다. 병실을 나서기 전 의사는 '해독제가 예진이에게 안 맞을 수 있다. 앞으로 성장하면서 다시 한번 독뱀에 물리게 될 경우엔 딸이 죽을 수도 있다'는 말을 했다.

퇴원 후 예진이는 가려움과 발진, 두드러기로 며칠을 고생했다. 해독제 부작용이었다. 한번은 LA로 온 가족이 장을 보러 가면서 소아과에 들러 부작용을 가라앉히는 주사를 한 대 맞혔는데 집으로 돌아오는 차 안에서 예진이는 온몸을 벌벌 떨며 추워했다. 집에 도착해서 보니 그새 온몸이 또 풍선처럼 부풀어 올라 있었다. 주사에 의한 쇼크 증상인지 해독제 부작용인지 모르겠지만 겁이 벌컥 났다. 응급차를 불렀지만 예진이를 치료한 병원은 너무 멀고 교통체증이 심해, 근처 큰 병원으로 이동했다.

어린 딸이 출국을 앞두고 고생하는 것이 너무 안쓰럽고 불안했다. 헌신에는 댓가지불이 따른다는 것을 알면서도 막상 우리가 이런 상황에 부딪치니 평안을 찾기가 어려웠다. 예진이를 치료했던 의사도, 주변 목사님도, 기도해주던 지인들도 딸을 위해서라도 당분간 몽골에 가지 말고 미국에 남으라고 권면했다.

그러던 중 새벽기도에 나간 어느 날, 강준민 목사님의 어머니 고(故) 박고덕 권사님께서 나의 손을 잡으시며 이렇게 말씀하셨다.

"박 선교사님! 선교지에 가세요. 내가 새벽마다 기도할게요."

새벽에 들은 권사님의 그 한 마디 위로가 온 세상을 얻은 것처럼 큰 힘이 되었다. 다시금 솟아 오른 구령의 열정과 하나님의 부르심은 우리를 다시 몽골로 이끄셨다.

예진이는 그날 구급차에 실려가 응급처치를 잘 받고, 감사하게도 하루 만에 집으로 돌아왔다. 그리고 지금까지 그 어떤 부작용에도 시달린 적 없이 건강하게 자라도록 하나님께서 은혜를 베푸셨다. 어느덧 큰딸은 미국에서 예술arts & design대학 졸업을 앞두고 있고, 둘째 딸은 대학 3학년으로 심리학을 공부하고 있다.

어려운 환경이나 광야생활은 하나님의 나라를 세우는데 결코 걸림돌이 되지 않는다. 오히려 그것은 디딤돌이 될 것이다. 나의 멘토인 강준민 목사님은 늘 내게 이런 말씀으로 격려해주셨다.

"문제는 기적을 창조한다. 사막에는 오아시스가 있다. 예수님은 늘 문제 속으로 들어가셔서 문제를 축복으로 바꾸셨다."

그렇다. 우리는 모두 문제 위에 계신 분을 바라봐야 한다. 문제를 기적으로 변화시키는 믿음이 우리 안에 있어야 한다.

그 짧지만 고통스러웠던 시간의 '우선멈춤'은 우리에게는 감당할 수 없는 시간인 듯 싶었다. 하지만 지나고 보니 하나님께서 우리에게 감당할 수 있는 힘을 주셨다. 얼마나 감사한지 모른다. 그 시험을 통과하면서 하나님의 새로운 계획하심과 인도하심까지 맛보았다.

헌신에 대한 댓가지불은 그리 영광스럽지도 따뜻하지도 않다. 오히려 하나님께 대한 헌신은 춥고, 배고프며, 고통스러울지도 모른다. 그러나 하나님은 지금도 우리에게 헌신을 요구하신다. 하나님은 우리가 가장 아끼는 것을 드릴 수 있는지 강하게 물으시며, 하나님에 대한 우리의 사랑을 확인하고 싶어 하신다.

하나님을 사랑한다면 이제 헌신으로 표현해 보자. 그 헌신은 결국 우리 자신을 부요하게 한다. 그 헌신이 우리에게 기쁨이 되며, 나중에는 하나님께 감사하게 될 것이다.

하나님께 헌신한다는 것은 우리 삶 전체를 드리는 것이다. 예수님께서 우리를 위해 죽기까지 헌신하셨던 것처럼 말이다.

하나는 데려가시고, 하나는 살리시고

가끔 전심으로 주님께 헌신했는데 헌신 후 닥쳐오는 시련들을 보면서 이해하기 힘들 때가 있다. 그때마다 이런 생각을 하곤 했다. 하지만 주님은 이렇게 말씀하신다.

> 너는 밤에 찾아오는 공포와 낮에 날아드는 화살과 어두울 때 퍼지는 전염병과 밝을 때 닥쳐오는 재앙을 두려워하지 아니하리로다 천 명이 네 왼쪽에서, 만 명이 네 오른쪽에서 엎드러지나 이 재앙이 네게 가까이 하지 못하리로다 오직 너는 똑똑히 보리니 악인들의 보응을 네가 보리로다(시 91:5-8)

시편 91편을 자세히 보면, 하나님의 임재 안에 사는 자에게 밤의 공포, 화살, 전염병, 재앙이 오지 않는다고 말씀하지 않는다. 천 명, 만 명의 대적이 없다고 하지 않으신다. 하나님께서 고통과 문제들을 주지 않겠다고 말씀하지 않으셨다. 오히려 문제를 이길 힘을 주시겠다고 약속하셨다. 이것이 우리에게 주시는 놀라운 하나님의 말씀이자 능력인 것이다.

하나님이 이렇게 약속하셨음에도 우리는 때로 삶이 형통해 보이지 않는다고 인생을 포기하려 한다. 다르항에 있을 때, 어느 날 N간사가 울면서 나를 찾아왔다. N간사는 우리 YWAM 다르항 베이스의 현지인 간사로 화요모임 앨범 1, 2집을 낸 찬양 사역자였다. 또한 여호수아 제자훈련학교 책임자와 지방교회의 목회를 맡고 있었다.

"선교사님! 사람 한 명 살려주세요."

뜬금없이 사람을 살려달라는 간절한 애원이었다. 생명이 필요한 사람은 R선교사였다. 그는 몽골에서 2002년에 처음으로 목사안수를 받고, 그해에 러시아 부랴트 공화국으로 파송된 첫 번째 몽골인 해외 선교사였다.

부랴트 공화국은 몽골족이 40만 명 정도 사는 곳이다. 몽골 선교 초창기를 지나 많은 몽골인 지도자가 세워지고, 그들 중 다수가 미국, 한국, 일본, 싱가포르 등으로 선교훈련과 신학 공부를 하러 갈 즈음에 R목사는 선교의 부르심을 받아 약속의 땅, 부랴트 공화국으로 갔다. 그곳에서 R목사는 영하 30~40도의 추위에도 복음을 들고 깊은 산골 짜기까지 찾아가서 예수님의 사랑을 전했고, 교회를 개척하는 등 신실하고 충성스러운 선교사였다.

그러나 그가 다시 8년 만에 몽골로 돌아왔을 때는 얼굴이 새까맣게 변한 간암 환자였다. 그것도 간암 말기, 당장 간이식이 필요한 상황이었다. 그의 남동생 역시 목사로 몽골에서 술중독자를 회복시키는 사역을 하고 있었는데, 감사한 것은 다행히 그 동생 목사가 가장 적합한 기증자였다. 이제 수술비만 채워지면 한국에 가서 수술을 받을 수 있게 된 것이다.

몽골 목회자 연합회와 한인선교회, 서양선교회에서 이 소식을 듣고 십시일반으로 2만 불가량의 후원금을 모았다. 하지만 간이식 수술 비용에는 턱없이 부족했다. 재정은 쉽게 채워지지 않았고, R선교사의 몸은 점점 나빠지고 있었다. 몽골 목회자들이 모여서 이 안타까운 상황에 대해 나누고 있을 때 N간사도 그 자리에 있었다. N간사는 그들에게 이 일을 도와줄 선교사가 있다고 말했다고 한다. 누가 이 일을 할 수 있다는 것인지 물끄러미 그의 얼굴을 보며 물으니, N간사는 담대하게 '다르항에 있는 박 선교사'(나)라고 답했다는 것이다.

알고 보니 그때 모인 목회자들은 나와 모두 인연이 닿아있었다. 94년도에 찬양 사역자 연합회를 조직해서 각 교회 찬양 인도자 및 지도자들에게 기타와 찬양을 가르칠 때 있던 형제들이었다. 또 아내가 92, 93년도에 몽골교회 주일학교를 맡았을 때 주일학교 교사를 하던 친구들이기도 했다. 그런 그들이 이제는 모두 중견 목회자가 되어 우리와 함께 사역하는 형제 사역자들이 된 것이다. 훗날 들으니 그들도 '박 선교사'를 잘 알고는 있지만, 어떻게 이 일을 도울 수 있을지는 의문이었다고 한다.

N간사는 전날 그런 큰일을 벌려 놓고 와서 애원했던 것이다.

"선교사님! 사람 한명 살려주세요. 간암 말기 환자인데 몽골 1호

선교사입니다."

"내가요? 난 못해요! 한국병원에서도 보험이 없으면 3~4억 원 하는 수술인데 내가 어떻게…. 난 못해요, 미안해요 정말."

진심 방법이 없다고 생각했다. 하지만 N간사는 계속 눈물을 글썽이며 말했다.

"선교사님, 선교사님은 할 수 있습니다. 선교사님은 영혼에 대한 마음이 있잖아요. 기도해 보세요. 기도도 해보지 않고 안 된다고 하시면 어떡합니까? 도와주세요!"

"기도는 해야죠. 하지만 할 수 없는 것을 할 수 없다고 말하는 것이 정직한 거예요."

나는 계속 하나님의 능력을 제한하고 있었다. 계속 이런 흐름으로 실랑이를 벌였는데 결론이 나지 않았다. 사실 R선교사가 얼마나 불쌍하게 느껴지는지 한편으로 내 마음이 너무 무겁고 아팠다. 알고 보니 R선교사의 여동생은 우리 YWAM 다르항 베이스의 간사로 사역하고 있었다. 우리 모든 간사는 함께 그를 위해 기도하며, 하나님의 얼굴을 구했다.

나는 집으로 와서 아내와 이 상황을 나누고 함께 기도했다. 그리고 골방기도실에 들어갔다. 우리는 이사를 어디로 가든지 늘 기도실을 만든다. 책장 등을 이용해 칸막이를 만들고 커튼을 치면 어디든지 작은 공간, 우리만의 기도실이 된다. 때로는 붙박이장 밑이 기도실이 되기도 한다. 하나님의 얼굴을 구하는 그 작은 기도실, 그곳이 바로 '3초간의 기다림'의 공간이다.

"하나님은 못 하실 일이 없으시고, 전능하신 분이십니다."

간절한 마음으로 선포를 한 후 기도실에 앉으니 주체할 수 없는 눈물이 쏟아져 내렸다. 내가 할 수 있는 일이 아무것도 없어 더 애가 탔다.

"하나님! 듣고 계십니까? 당신의 아들이 온몸을 던져 러시아 땅 부랴트 공화국의 몽골족들을 위해 선교하러 갔다가 간암 말기로 돌아왔습니다. 이것이 말이 됩니까?"

하나님께 많이 서운했다. 그 서운함으로 원망 어린 투정을 부리기 시작했다. 그런데 하나님께서 그 순간 말씀하셨다.

"해영아, 그는 내 사랑하는 아들이다! 내가 이 일을 할 것이다. 너는 잠잠히 내가 하나님 됨을 알라."

그 당시 내 매형이 잠시 몽골에 방문차 왔다. 그런데 알고 보니 매형의 친척 형이 마침 모 대학병원에서 근무하고 있다는 것이 아닌가! 나는 이 기회를 놓치지 않고 매형에게 도움을 요청했다. 그랬더니 간절히 기도하고, 감동의 편지를 써서 보내보자고 했다. 매형이 한국에 돌아가서 친척 형에게 도움을 요청하겠다면서 말이다.

나는 다시 골방기도실에 들어가 간곡히 기도하며 편지를 자세히 써 내려갔다. 편지를 쓰는 동안 눈앞을 가로막을 정도로 많은 눈물이 쏟아져 때론 한동안 멍하니 앉아 있기도 했다.

토마스, 언더우드, 아펜젤러 등 많은 외국인 선교사가 젊은 나이 청년의 때에 조선 땅에 와서 예수님의 복음을 전했다. 그 후 많은 한국교회가 이 땅에 세워졌다. 이제는 그 한국교회가 해외로 선교사들을 파송해 복음을 전하며, 교회를 세우는 일에 동참하고 있다. 대한민국은 명실공히 선교의 선진국이 된 것이다.

대한민국 해방 이후 최초로 태국으로 간 C선교사를 통해 태국에 복음의 씨앗이 뿌려졌고, 각종 언어로 번역된 1억 권 이상의 성경이 전달되었다. 또한 한국 최초로 제주도에 가서 사역하다가 순교한 이기풍 선교사를 통해 제주도에는 복음의 문이 열렸다. R선교사도 그런 선교사였다. 그는 몽골에서 첫 번째 안수받은 목사요, 첫 번째 해외 파송 선교사로서 부랴트 공화국에 가서 복음의 개척자로 신실하게 사역했다. 그런 그가 간암 말기가 되어 돌아온 것이다.

'R선교사님이 간이식 수술을 받을 수 있도록 기도해 주시고 지원 부탁드립니다.'

간절한 마음을 담아 쓴 이메일을 그 대학병원과 여러 후원자에게 발송했다.

그런데 내가 편지를 발송한 그다음 날, 파키스탄에서 슬픈 소식이 들려왔다. 파키스탄의 첫 번째 기독교 장관으로 신성모독죄 폐지 운동을 활발하게 펼치던 B장관이 아침 출근길에 괴한들에게 10여 발의 총격을 받아 숨졌다는 소식이었다. 그는 언제 죽을지 모르는 상황에서 목숨을 걸고 파키스탄 소수 민족들과 국민이 자유롭게 믿음 생활을 할 수 있도록 서방 세계에 알리는 일을 해왔었다. 또한 미국의 유명한 신문 방송사와 미국 정치인들을 만나서 본국에서 자국민이 자유롭게 신앙생활을 할 수 있도록 도와달라고 호소하기도 했다.

B장관이 순교하기 한 달 전, 미국의 T교회에서 간증하던 그를 만

난 적이 있다. 그는 그 당시 42세로 미혼이었다. 왜냐하면 자신이 언제 괴한들에게 잡혀 죽을지 모르고, 자신으로 인해 가족들에게 큰 어려움이 닥칠 수 있기 때문이다. 그는 테러와 살해의 위협에도 대통령과 총리, 장관들에게 복음을 전하고, 신성모독죄 폐지 운동을 했던 거룩하고 용감한 그리스도인이었다. 간증을 마치고 예배당 뒤편에 서서 성도들과 악수를 하는데 나도 그와 악수를 했다.

"장관님을 위해서 기도하겠습니다. 하나님의 축복이 있기를 바랍니다."

나의 축복에 그분이 하얀 이를 드러내며 밝은 미소로 했던 말이 아직도 기억에 선하다.

"감사합니다. 하나님이 함께 하십시오."

그것이 그의 마지막이었다.

B장관이 피살되기 하루 전, R선교사를 살려달라는 나의 이메일은 여러 곳에 도착했다. 그중 B장관이 간증했던 T교회의 J집사님이 그 이메일을 보고 새벽에 몽골로 전화를 주셨다.

"박 선교사님, 하나님께서 한 분은 데려가시고, 한 분은 살리시나 봐요."

"무슨 말씀입니까?"

그분의 말씀이 무슨 뜻인지 전혀 몰랐다.

"지금 빨리 인터넷을 보세요. B장관님 순교하셨습니다. 너무 슬퍼요, 선교사님…."

그 뉴스를 보는 순간 온몸에 전율이 흘렀다. 지난달에 만나 간증에 큰 은혜를 받고, 축복을 전하며 헤어졌던 B장관. 그에게 한 달 안에 이런 일이 일어나다니 가슴이 먹먹해졌다. 그러나 한편으로는 그의 순교를 통해 하나님께서 파키스탄에 부흥의 역사를 시작하실 것이라는 새로운 소망이 꿈틀대기 시작했다.

그분은 계속 말을 이어가셨다.

"하나님께서 '내가 B장관을 데려가고, R선교사를 살리겠다.'라고 말씀하셨습니다. 그래서 저희가 수술비용을 지원하겠습니다."

그렇게 한화 1억 원이 마련되었다.

R선교사의 간이식 수술을 위한 모든 과정이 일사천리로 진행되었다. R선교사는 주몽 한국대사관에서 비자를 잘 받아서 한국으로 나갔다. 처음에 연결한 병원에서는 비용이 맞지 않는다고 하여 부랴부랴 A간암 전문병원에 문의했다. 그런데 수술비용이 한화로도 어마어마한 4억 6천만 원이라는 것이다. 백방으로 다른 병원을 알아보았지만, 우리에게 있는 1억 원으로 간이식을 해줄 병원이 아무 데도 없었다.

그런데 마침 의료 선교사로 몽골에서 사역하던 P선교사가 한국에 잠시 나와 고려대 병원에 있었다. 전체 상황을 설명하고 그 병원에서 수술해줄 수 있는지를 문의하고 부탁했다. 결국 그가 병원 관계자들과 상의 끝에 허락을 얻어내 주었다. 그렇게 수술은 성공적으로 끝났다. 모든 과정이 마치 한 편의 드라마와 같이 전개되었다. 하나님께 너무 감사했다.

그 일을 통해 이 세상에 하나님의 사람들이 많음을 다시 한번 깨달았다. 하나님께서는 주변에 돕는 자들을 준비해 주셨고, R선교사를 살려 주셨다. 수술 후 R선교사는 한국에서 2~3년 정도 치료가 필요하다고 하여 당분간 한국에 정착하기로 했다. 그 과정 중에 뜻밖의 소식이 들려왔다. 한국에 있는 80여 개 몽골인 교회의 총회장이 부재 중인데, R선교사를 총회장으로 청빙하겠다는 것이었다. R선교사는 거룩하고 능력 있는 주의 종이다. 몽골 600개 교회 목회자들과 성도들이 존경하는 목사이다. 그는 기도하며 하나님의 음성을 듣고, 청빙을 수락했다. 그는 현재 한국에 있는 몽골 전 교회의 총회장으로 섬기고 있다.

이제 R선교사의 간은 많이 회복되었다. 그는 큰아들이 2019년에 대학에 들어가면 우즈베키스탄 선교사로 가려고 준비 중이다. 예수님을 믿지 않는 가족들과 주변인들은 모두 R선교사가 제정신이 아니라고 생각한단다.

"하나님이 살아 계시냐? 그렇게 헌신했는데 결과가 겨우 이거냐?"

누군가에게는 다시 선교지로 가려는 R선교사가 정신병자처럼 보일지도 모르겠다. 그러나 우리는 알고 있다. 그의 결정이, 그 헌신이 세상에서 가장 아름다운 선택이라는 것을 말이다. R선교사는 아름다운 자신의 선택을 절대 후회하지 않을 것이다. 하나님이 최고의 사명을 주셨음을, 그는 알기 때문이다. 그리고 그를 부르신 하나님도 절대 후회하지 않으실 것이다.

"하나님의 은사와 부르심에는 후회하심이 없다고 성경은 말한다(롬11:29). 하나님은 각 사람에게 최고의 좋은 은사와 최고의 부르심, 즉 사명을 주셨다. 나의 부르심을 떠나지 않고, 최선을 다하는 삶을 사는 것이다. 그것을 통하여 하나님의 뜻을 이루고, 하나님을 영화롭게 하는 삶이 귀하다."

- 홍성건, 『하나님이 보내시는 사람』

Stop Sign

세 번째
쉼표

성령님,
초원을 달리세요

파란 하늘의 쌍무지개

쌍무지개를 본 적이 있는가? 한국에서는 쉽게 볼 수 없었던 쌍무지개를 몽골에 와서는 여러 번 보았다. 몽골을 와본 사람은 알겠지만 몽골은 평균 해발고도가 약 1,600m에 이르는 고원 국가다. 그 때문에 뭉게구름이 보통 산위에 걸려 있다. 손에 잡힐 듯 말 듯한 하얀 뭉게구름 밑에 목동들과 양, 염소, 소, 말떼가 지나갈 때면 마치 4D 영화관에서 봄 직한 장면이 눈앞에 확 펼쳐진다.
"음매~~", "음무우~~"
이곳저곳에서 행복하게 풀을 뜯어 먹는 동물들과 낮고 파란 하늘이 어우러진 모습은 참 정겹고 평화롭다. 아주 가끔이지만 말을 타고 그 초원 위를 달리고 있노라면 온 세상이 내 품에 들어오는 듯싶다.
시원한 바람이 얼굴을 스치고 초원으로 계곡으로 뻗어가며 온 땅을 시원하게 덮어줄 때 쯤, 우리는 첫 번째 중·고등부 수련회를 몽골의 초원에서 하기로 했다. 그때가 1994년 여름이었다. 나는 몽골에 오기 전 한국에서 중·고등부 사역을 여러 번 해봤다. 따라서 계획을 짜며 준비하고 추진하는 일은 초원에서 말타기보다 쉬웠다. 수련회 스케줄을 일찌감치 짜놓고, 중·고등부 교사 24명과 함께 한 달간 특별기도회를 했다. 세 가지 기도 제목을 놓고, 금식기도와 철야기도를 드리며 수련회를 기다렸다.

첫째, 하나님이 하나님 되심을 알게 하소서.
둘째, 수련회 기간에 화창한 날씨를 주소서.
셋째, 중·고등부가 60명에서 120명으로 배가 되게 하소서.

드디어 수련회 바로 전날, 수도 울란바토르에서 150km 떨어진 초원에 선발대가 미리 가서 텐트를 치도록 했다. 그런데 갑자기 그날 저녁부터 비가 오기 시작했다. 내심 걱정이 올라왔다. 지난 한 달 동안 날씨를 위해 기도해왔는데 이것이 웬일인가.

"하나님, 몽골에서 하는 첫 중·고등부 수련회입니다. 이런 시험은 하지 마세요. 몇 년 사역한 뒤에 이런 연출을 하시면 받아들이겠습니다. 하지만 제 첫 사역을 망치려고 이런 연출을 하시는 거라면 그만둬 주세요."

내 입에서 이런 기도가 계속 나왔다. 나는 아내에게 기도를 부탁했다. 아마 그것은 내면에 찾아온 불안함 때문이었을 것이다. 늘 나를 위해 기도하던 아내는 그날따라 더 간절하게 기도했다.

"여보, 걱정 말고 주무세요, 수련회 동안 계속 중보기도 할게요."

아내의 말에 마음이 조금 누그러지는 듯했다. 나의 아내는 하나님의 눈물을 알고, 영혼을 긍휼히 여기는 사람이다. 아내는 다른 사람들을 위해 기도할 때면 늘 눈물을 흘린다. 이런 사람을 내 아내로 주신 하나님께 감사를 드렸다. 그리고 잠자리에 들며 생각했다.

'아…. 하나님께서 나의 믿음을 테스트하시는구나. 내일 아침에는 아주 화창하고 맑은 하늘을 선물로 주시려나.'

혼잣말 같은 중얼거림을 하며 잠이 들었다.

그런데 아침 6시쯤에 밖에서 엄청난 소리가 들렸다. 바로 폭우 소리였다. 야속하게도 손가락 만한 굵은 비가 떨어지고 있었다. 천둥·번개가 동반된 어마 무시한 날씨에 입이 떡 벌어졌다.

나는 급하게 수련회 출발장소로 갔다. 그런데 감사하게도 세 번째 기도 제목이 응답돼 있었다. 작은 예배당이 중·고등부 학생들로 꽉 차 있는 것이 아닌가. U교회의 현지인 리더, B형제가 내게 왔다.

"선교사님! 수련회 장소로 출발하나요? 어떻게 할까요? 선발대는 벌써 가 있는데요."

"잠깐만요, 화장실 다녀와서 이야기합시다."

나는 급하게 화장실로 향했다. 악천후에 이 아이들을 데리고 수련회를 가야 할지 말아야 할지 판단이 서지 않았기 때문이다.

"하나님, 갈까요, 말까요?"

화장실에서 하나님께 거듭 여쭈었다.

"가!"

하나님의 음성은 간단명료했다.

"넌 내가 하나님 됨을 볼 것이다."

분명한 응답이었다. 예배실로 가서 B형제에게 가자고 한 후, 밖에 대기해 있던 56인승 러시아제 버스에 올랐다. 왜 버스를 한 대만 예약했을까. 아이들을 두 배로 보내달라는 기도를 하면서도 확신이 없었던 내 모습에 순간 부끄러움이 느껴졌다.

학생 120명과 교사 24명이 56인승 한 대에 끼어 들어가서 탔으니 그야말로 콩나물시루 같았다. 그래도 우리는 차 안에서 찬양을 하며 목적지까지 갔다. 텐트를 치기로 했던 장소에 도착해 보니 날씨는 아침보다 더 악화돼 있었다. 5m 앞이 보이지 않을 정도로 사방에 먹구름이 빽빽했다. 나는 B형제와 함께 버스에서 내려 선발대가 쳐놓은 텐트로 갔다. 선발대 형제들은 구멍 난 텐트 몇 개는 수선도 하지 않은 채 그냥 들고 올 정도로 믿음이 대단했다.

"선교사님, 저희가 한 달 동안 날씨를 위해 기도했잖아요. 비가 그칠 거예요."

형제들은 이렇게 말하며 겸연쩍게 웃었다.

그러나 하나님은 그 기도를 들어주지 않으셨다. 150여 명이 2박 3일 동안 먹을 빵이 온통 비에 젖어버렸다. 가져갔던 식료품도, 가방들도 비를 흠뻑 맞아 거반 버리게 되었다. 절망적이었다.

나는 차로 다시 돌아오면서 하나님께 여쭐 수밖에 없었다.

"하나님, 이제 어떡합니까?"

하나님의 답변은 의외였다.

"개회 예배를 차 안에서 해라"

"내용은요?"

"비도 내가 창조했다. 나는 창조주 하나님이다! 이 사실을 아이들에게 전해라!"

이번에도 하나님의 음성은 명확했다. 나는 그대로 순종했다.

"비도 하나님이 창조하셨습니다. 하나님은 창조주이십니다!"

담대하게 차 안에서 하나님이 말씀하신 대로 선포했다. 그리고 아이들과 선생님들에게 같이 회개와 감사의 기도를 드리자고 했다. 비에 대해 원망했던 마음과 하나님께서 우리의 기도를 들어주시지 않았다고 섭섭해했던 것들에 대해 회개했다.

그런데 이상한 일이 벌어졌다. 감사기도가 끝나는 순간이었다. 아침이지만 하늘에 어둠이 짙게 깔리더니 빠져나갈 구멍조차 없는 꽉 막힌 먹구름 사이를 뚫고, 한 줄기 빛이 우리 버스를 비추기 시작했다. 그 빛은 한참이나 우리 버스를 비추더니 주변을 점점 밝혀가기 시작했다. 언제 그랬냐는 듯 10분 안에 모든 먹구름이 사라져 버렸다. 시커멓던 하늘이 청명한 파란 하늘로 변한 것이다.

버스 안은 환희와 감동의 도가니가 되었다. 우리는 모두 버스에서 내려와 두 손을 들고 기쁨으로 하나님을 찬양하기 시작했다. 감사와 기쁨의 찬양을 멈출 수가 없었다. 우리의 기도를 들으시고 선명한 응답을 주신 하나님, 그 주님의 높고 위대하심을 소리 높여 전심을 다해 찬양했다. 그날따라 하나님의 음성이 너무나 선명하게 잘 들렸다. 나는 너무 신이 나서 하나님께 다시 묻기 시작했다.

"하나님 이제는요? 이제는 무엇을 할까요?"

나의 모습은 마치 사랑하는 아버지 품에 안겨있는 5살짜리 꼬마 아이와 같았다.

"해영아, 노아의 무지개에 대해 나누면 어떻겠니?"

그 음성을 듣자마자 노아가 보았던 무지개에 대해 나누기 시작했다. 나누면서 담대하게 선포했다.

"여러분! 오늘 오후에는 하나님께서 무지개를 보여주실 겁니다"

"아멘!"

모두 한목소리로 화답했다.

그런데 사실 그렇게 선포한 후에 얼마나 후회했는지 모른다.

'무지개가 나타나야 할 텐데…. 안 나타나면 어쩌지? 내가 진짜 하나님의 음성을 들었나?'

의심이 가기 시작했다.

'혹시 무지개가 나타나지 않고, 다시 비가 오면 어떡하지….'

여러 생각이 나를 괴롭혔다. 의심스러운 여러 생각들로 마음이 쪼그라드는 것 같았다.

그렇게 몇 시간 정도 흘렀을까…. 늦은 오후, 이런 생각을 잊고 식사 당번의 저녁 식사 준비를 도와주던 중이었다. 그런데 리더 B형제가 저 멀리서 달려오며 큰소리로 외쳤다.

"선교사님! 저기를 보세요. 저쪽에 산 위를 좀 보세요!"

나는 그가 가리키는 곳으로 고개를 돌렸다. 그런데 이게 웬일인가! 아주 선명한 무지개가 활짝 펴진 채 웃고 있는 것이 아닌가! 그런데 더 놀라운 사실은 내 머리 위에 또 다른 더 크고 진한 무지개가 떠 있었던 것이다. 쌍무지개였다. 가슴이 터질 것 같았다. 너무 기쁘고 감사했다. 그 벅찬 감동이 지금도 심장을 요동치게 한다.

하나님은 한 번도 우리를 실망시키지 않으신다. 오히려 우리가 주님을 기다리지 못해 실망하고 좌절하고 한 발 뒤로 물러서는 것이다. 자칭 중·고등부 수련회 전문가인 내가 짠 첫날 프로그램은 험악한 날씨 때문에 소위 홀딱 망했다. 그러나 하나님은 새로운 프로그램을 만드셨다. 우리가 드린 첫 번째 기도 제목대로 하나님이 하나님 되심을 보여주신 것이다. 우리는 모두 기쁨의 찬양을 드리고, 춤을 추면서 하나님을 예배했다. 놀라운 하나님의 임재를 찬양과 말씀 가운데 경험했다.

저녁 설교를 마치고 소그룹 모임을 한 후에 잠자리에 들었다. 그런데 중·고등부 교사 한 명이 숙소로 달려왔다.

"선교사님, 빨리 나와 보세요. 한 자매가 배가 아프다네요."

급히 가보니 그 자매가 배를 움켜잡고 거의 죽을 듯이 뒹굴고 있었다. 교사들이 준비해 온 진통제를 자매에게 먹였지만 차도가 보이지 않았다. 시간이 지날수록 자매는 더 괴로워했다. 나는 숙소에 가서 피를 빼는 사혈침을 가져와 자매의 열 손가락과 발가락을 모두 땄다. 알고 있는 모든 지식을 동원해 자매를 도우려 했지만 헛수고였다.

결국 자매는 의식을 잃고 숨이 멎었다. 목과 코에 손을 대 보았지만 어떤 신호도 없었다. 숨소리도 들리지 않았다. 주변에 있던 형제, 자매들은 너무 놀라고 무서워서 어쩔 줄을 몰라 했다. 울란바토르 병원은 여기서 150km 떨어져 있고, 우리는 자동차도 없었다. 우리를 태우고 왔던 버스는 3일 뒤에 오기로 했고, 전화도 먹통이었다. 우리가 할 수 있는 것은 그 어떤 것도 없었다.

머릿속이 하얘졌다. 순간 울란바토르의 신문과 방송이 이렇게 보도할지도 모르겠다는 생각이 들었다.

"속보입니다. 한국인 박OO 씨가 120명의 몽골 청소년들을 초원으로 데려갔다가 3일 만에 돌아왔는데, 한 학생이 시신으로 돌아왔습니다. 지금 현장에 나와 있는 취재기자 연결해서 자세한 사항을 알아보도록 하겠습니다. 취재 기자!"

아찔했다. 하루아침에 살인자가 될 수도 있다는 생각에 정신이 혼미해졌다. 두려움에 사로잡혔고 멘탈이 붕괴되기에 이르렀다. 정말 아무 생각도 들지 않았다.

그러다 잠시 후 정신을 차리고 모든 학생에게 중보기도를 시켰다. 모든 교사를 불러 모아 그 자매 주변에 앉게 한 후 그들에게 물었다.

"혹시 병고침의 은사가 있거나 죽은 사람을 살려본 사람이 있으면 손 좀 높이 들어 보세요."

아무도 없었다. 사실 그때 내 믿음은 완전히 바닥이었다. 잠시 정적이 흘렀지만 그래도 다시 용기를 내어 물었다.

"여러분, 우리 안에 예수님의 보혈이 흐르고 있고, 이 자매를 위해 예수님 이름으로 기도하면 이 자매가 살아날 줄을 믿습니까?"

"아멘!"

24명의 교사는 쩌렁쩌렁한 목소리로 대답했다. 그 순간 저 밑바닥까지 내려갔던 나의 믿음이 갑자기 가슴까지 꽉 차올랐다. 대체 누가 이런 진리를 저들에게 가르쳤던가? 선교사인 나였다. 그런데 나는 조금 전까지 위기 앞에서 아무것도 할 수 없는 무력한 지도자였다. 하나님의 도우심으로 홍해를 건넜지만, 얼마 지나지 않아 하나님을 불신하고 원망했던 이스라엘 백성들. 내 모습이 꼭 그들과 같았다.

그 짧은 순간, 정신을 차리고 하나님께 질문했다.

"아버지! 이제 어떻게 해요?"

그러자 하나님께서 내게 귓속말로 말씀하시는 것 같았다.

"아들아 믿기만 해라! 그리고 믿음으로 선포해라!"

우리는 한마음으로 간절히 죽은 자매에게 손을 얹고 기도하기 시작했다. 우리 모두 한목소리로 목이 터져라 선포기도를 했다.

"예수의 이름으로 명하노니 일어나라!!"

"달리다굼!"

"예수님 이름으로 기도합니다!"

"아멘, 예수님!"

계속 외치며 선포했다.

할렐루야! 닫혀있던 자매의 입에서 거친 숨소리가 터져 나왔다. 자매가 살아난 것이다. 예수의 이름에 사망을 이기는 권세가 있음을 하나님께서 직접 알려주신 것이다.

그 수련회는 2박 3일 동안 이어졌고, 중간중간 아픈 학생들이 한 명씩 우리에게 오기 시작했다. 비상약으로 치료할 수 있는 학생들에게는 기도하고 약을 먹였고, 적절한 약이 없는 경우 교사들이 강력하게 기도했다. 살아난 자매는 빠르게 회복되었고, 그 후 D교회의 리더십으로 성장했다.

"하나님의 음성을 듣지 못하면 필연적으로 하나님이 원하시는 대로 반응을 보이지 못한다. 그러나 믿음을 가지고 말씀에 반응하면, 주의 증거에 계시된 그 하나님을 체험적으로 알 수 있는 데까지 나아갈 수 있다."

– 빌 존슨, 『예수의 권세를 땅에 풀어 놓아라』

나는 그날 하나님의 음성을 듣는 것이 얼마나 중요한지, 또 동역자들과 함께 하는 것이 얼마나 중요한지를 깨달았다. 더불어 나의 부족함과도 직면했다. 현지인 학생들을 인솔한 지도자요, 선교사지만 얼마나 보잘것없고 연약한 사람인지 다시금 깨달았다. 그날 몇 시간 전에 날씨와 무지개를 통해 뜨겁게 하나님을 경험하고도 그분을 신뢰하기보다 인간적인 마음으로 사역경험만 믿었던 것이 내 본모습이었던 것이다. 위기 앞에서 위에 계신 하나님을 바라보지 못하고 땅만 보며 인간적인 생각을 앞세웠던 나를 돌아보니, 고개를 들 수 없을 만큼 창피하고 부끄럽기만 했다. 무엇보다도 마음이 아팠던 것은 하나님을 전적으로 신뢰하지 못한 마음이었다.

그러나 몽골 그 광야 한복판에 하나님이 계셨다. 우리를 깨끗이 회복시키시는 여호와 라파, 치료의 하나님이 계셨다. 죽음에서 자매를 건지신 하나님은 자괴감에 빠진 나도 회복시켜 주셨다. 때론 부족하고 나약하더라도 변함없이 우리를 사랑하신다고, 그런 우리를 통해 당신의 뜻을 이루시겠다고 하시면서 말이다. 하나님은 그렇게 우리 곁에 살아계신다.

마가의 다락방

흔히 중·고등학교 학생들을 일컬어 어디로 튈지 모르는 럭비공과 같다고 표현한다. 어떤 사람들은 교회에서도 소외되고, 학교나 사회에서 문제를 일으키는 존재들이라고도 말한다. 물론 몇몇의 성숙한 중·고등학생들은 청소년 시기에 자기의 갈 길을 결정하고 미래를 향해 달려가기도 한다. 하지만 상당수의 사춘기 청소년들이 많은 학업 스트레스로 인생의 목표 없이 살아가고 있다. 목표가 없는 그들의 인생은 마치 닻이 없어 바람에 떠밀려가는 돛단배와 같다. 분노, 반항, 불안정한 결정, 실패감 등으로 쉽게 좌절한다. 또한 미래에 대한 기대와 불안, 소망과 절망, 미움과 사랑 등이 잘 정리되지 않은 채 양가감정으로 공존하는 존재이기도 하다. 이런 시기에 하나님의 말씀으로 바로 설 수 있다면, 아이들은 평생 정확한 목표를 가지고 선한 길로 전진할 수 있다. 더 나아가 하나님의 나라가 그들을 통해 이루어질 것이다.

영적 지도자들이나 이 세상을 이끌어가는 정치·경제계 등의 지도자들 가운데 많은 이가 청소년 시절에 자신의 미래를 설정해 큰 비전과 삶의 목적을 이루었다. 이는 많은 선교사가 중·고등학생 사역에 관심을 갖는 이유이기도 하다.

그러나 전략적인 차원에서 청소년의 변화를 위해 그들에게 접근하는 선교단체나 교회는 그리 흔하지 않다. 내가 사역했던 몽골 다르항에서도 마찬가지였고, 울란바토르에 몇 선교사도 늘 같은 문제로 고민했다. 어떻게 해야 중·고등부 학생들이 하나님께 헌신할지. 또 어떻게 이들이 사회의 8영역(정치, 경제, 문화예술, 가정, 교육, 종교, 미디어, 과학)으로 들어가서 하나님의 뜻을 이루고, 하나님의 문화를 창조하며 선한 영향력을 끼치게 할지를 우리는 연구하며 기도하곤 했다.

몽골의 첫 중·고등부 수련회가 있고 10여 년이 지난 어느 날, 울란바토르의 몇몇 단체 연합으로 '중·고등부 성령캠프'가 열렸다. 나는 YWAM 다르항 화요모임 리더인 N간사와 찬양팀과 함께 주강사로 초청되었다. 우리 다르항 팀은 성령캠프로 가기 전에 베이스에 모여서 예배를 드리며 성령님을 초청했다. 울란바토르 청소년들을 위한 성령캠프에서 성령님은 어떤 일을 하기 원하시는지 성령님의 음성을 들었다. 성령님께서는 우리 팀원들에게 말씀을 주셨다.

> 여호와가 너를 항상 인도하여 메마른 곳에서도 네 영혼을 만족하게 하며 네 뼈를 견고하게 하리니 너는 물 댄 동산 같겠고 물이 끊어지지 아니하는 샘 같을 것이라 네게서 날 자들이 오래 황폐된 곳들을 다시 세울 것이며 너는 역대의 파괴된 기초를 쌓으리니 너를 일컬어 무너진 데를 보수하는 자라 할 것이며 길을 수축하여 거할 곳이 되게 하는 자라 하리라(사 58:11-12)

하나님은 울란바토르에 있는 청소년들이 '물 댄 동산'이라고 말씀하셨다. 그들이 앞으로 황폐된 울란바토르를 다시 세울 것이며, 파괴된 기초를 쌓고 무너진 곳을 보수하는 자, 길을 수축하는 자들이 될 것이라고 말씀하셨다. 그 당시 YWAM 다르항 화요모임은 다르항시의 20여 개 교회의 지도자와 성도 200~300명이 매주 화요일에 모여 열방을 위한 중보기도와 찬양 예배를 드렸다. 성령님의 기름 부으심으로 화요모임을 통해 많은 헌신자가 일어났고, 예배인도자와 목회자, 선교사들도 배출되었다. 다르항 화요모임에는 오순절 마가의 다락방과 같은 하나님의 임재가 있었다. 1년 52주 단 한 번도 쉬지 않고 예배한 화요모임에 성령 하나님은 신실하게 임재하셔서 많은 사람에게 성령의 기름 부으심과 은사들을 쏟아 부어주셨다. 우리는 성령님의 인도하심과 함께하심에 기대하는 마음으로 울란바토르로 향했다.

나는 설교나 강의차 다른 지역에 갈 때면 아내와 예진이, 예빈이에게 기도를 요청한다. 아이들에게 어릴 때부터 고사리만 한 손을 아빠의 어깨에 얹게 하고 중보기도를 시켰다. 아이들은 아내와 나를 통해서 하나님이 살아계심을 계속 경험했고, 하나님은 그들의 중보기도를 기쁘게 받으셨다. 아내와 예진이, 예빈이는 이날도 어김없이 나와 N간사 그리고 화요모임 팀을 위해 진지하게 중보기도 해주었다.

성령캠프의 첫날, 찬양 가운데 역사하시는 성령님의 은혜에 감사와 찬양을 올렸다. 성령캠프에 참석한 중·고등학생 대부분이 성령세례를 받고, 성령의 다양한 은사를 체험했다. 특히 병 고치는 은사를 받기 위해 앞으로 나온 15명의 중·고등부 학생은 기도를 받고 확신에 차 있었다. 그러나 은사를 받았는지 아닌지 확인할 길이 없었다.

나는 모인 학생들에게 이렇게 도전했다.

"우리가 지금 기도해 보지 않으면 성령의 은사를 받았다는 것을 어떻게 알겠습니까?"

참석한 중·고등부 학생 중에 육체적인 질병을 가진 15명을 강단 앞으로 초청했다. 머리, 어깨, 허리, 무릎, 목, 귀, 배 등이 아픈 학생들이 나왔다.

나는 병 고치는 은사를 받았다고 확신한 학생 앞에 아픈 학생을 앉혔다. 병명과 어디가 어떻게 아픈지를 물어 그 위에 손을 얹고 기도하게 했다. 좌중의 학생이나 집회에 참석한 현지인 목사들, 선교사들이 뒤에서 손을 들어 축복기도를 해주었다.

그날 임하셨던 성령님은 2,000년 전 오순절 마가의 다락방에 임하신 성령님과 같은 분이셨다. 모두 뜨겁게 열정적으로 기도를 마친 후에 치료받은 학생들이 뛰기도 하고, 걷기도 하고, 찬양을 하기도 하고, 소리도 지르며 하나님께 감사했다. 그 예배당에 임한 성령님의 뜨거운 임재를 각자의 방법대로 받아들이고 있었다.

얼마나 지났을까. 모두들 제자리로 들어가려는 순간 나는 그들을 그 자리에 그대로 있게 했다. 그들의 간증을 듣고 싶었다. 하나님이 살아계심을 함께 경험하며 성령님께 영광을 돌리고 싶었다. 그냥 주문 외우듯 "아멘, 할렐루야!" 하고 들어간다면 성령님께 영광 돌리는 시간이 없어질 것만 같았다.

그때 무릎이 아파 계단을 올라가기 어려운 형제가 간증하기 시작했다. 성령캠프에 올 때 친구의 도움으로 간신히 왔는데, 이제는 혼자 갈 수 있다고 하면서 강단을 오르락내리락 하며 펄쩍펄쩍 뛰었다. 허리 디스크로 아픈 형제도 회복되어 허리를 돌리고 엎드리고 자유로 이 움직였다. 목 상태가 좋지 않았던 한 자매는 목에 심한 결절이 생겼는지 거의 말을 못하는 상태로 성령캠프에 참석했다. 그런데 기도를 받으면서 목 안에서 무언가 움직이는 듯한 이상 증세가 있었다고 말했다. 그러더니 찬양을 하고 싶다면서 갑자기 찬양을 시작했다.

할렐루야! 하나님은 그 자매의 목을 고쳐주셨다. 자매는 왕 되신 주님을 인정하며, 전심을 다해 찬양과 경배를 올려드렸다. 그 어떤 찬양보다 아름답고 거룩한 찬양이었다. 우리는 그 찬양을 들으며 감격의 눈물과 환호의 박수를 하나님께 올려 드렸다.

선지자적인 말씀을 시대에 선포한 A. W. 토저A.W.Tozer는 그의 저서 『Holy Spirit(성령님)』에서 다음과 같이 말한다.

> "오순절은 왔다가 가버린 것이 아니다. 오순절은 우리에게 찾아와 이제까지 우리 중에 계속 머물러 있다. 오순절 성령 강림은 역사책에 기록된 사건으로 끝나는 것이 아니라 언제나 우리와 함께해야 할 충만한 능력의 원천이다."

오순절 임하셨던 그 성령님이 성령캠프 마지막 날에 우리에게도 동일하게 임하신 것이다.

캠프 마지막 날, 중·고등학생들이 뒤에서 무엇인가를 하고 있었다. 궁금한 마음에 슬쩍 가보니 그들은 나라를 변화시킬만한 일을 계획하고 있었다. 방언을 받고, 병 고치는 은사를 받으며, 병 고침을 받는 것보다 더 감사하고 놀라운 일이 그곳에서 일어났다. 이 학생들이

학교마다 중보기도 그룹을 조직하기로 한 것이다.

얼마 후 울란바토르에서 소식이 왔다. 캠프에 참석한 청소년들이 삼삼오오로 그룹을 지어 각 학교에서 학교의 변화와 나라와 민족을 위해 기도하고 있다는 것이다. 이들은 방과 후 교실에서 기도하며 찬양하기 시작했다고 했다. 어떤 학교는 모임을 허락하지 않아 화장실에서 서너 명이 모여 손을 잡고 교장과 교사들을 위해, 나라와 민족을 위해 기도하고, 또 다른 팀은 학교 식당이나 실내 운동장 등에서 모여 기도한다고 했다. 울란바토르의 중·고등학교에 일어나는 잠잠한 중보기도 운동에 하나님께 영광을 올려 드렸다.

성령캠프에 참가한 중·고등학생들은 10여 개의 교회와 30여 개의 학교에서 온 학생으로, 학교의 변화와 부흥 더 나아가 몽골 전체의 부흥을 주도할 주역들이었다. 그런 그들이 하나님의 임재를 경험함으로 앞으로 어떻게 살아가야 할지를 발견한 것이다. 성령캠프에 참가한 중·고등학생들은 이제 성령에 이끌림 받는 삶을 살고 있다. 성령세례를 받은 후, 삶이 확연히 달라진 것이다. 학교생활도, 부모님께도 잘하는 이른바 참 좋은 학생이 되었다.

홍성건 목사님의 『성령으로 행하는 사람』에 이런 구절이 있다.

"성령으로 행하는 삶이란 성령께 응답하며 성령의 지배를 받으며 성령의 이끌림을 받는 삶을 말한다. 그러므로 성령에 의해서 거듭난, 새 생명을 얻은 그리스도인이라면 누구나 성령의 능력을 힘입어 살아가야 한다. 성령의 능력으로 주를 섬기는 것이 곧 성령으로 행하는 길이다. 성령의 인도하심을 힘입고 성령의 인도하심을 받으려면, 먼저 성령의 세례를 받아야한다. 그리고 날마다 성령으로 충만해야 한다."

그렇다. 성령세례를 받은 우리는 매일 같이 성령 충만한 삶을 살아야 한다. 울란바토르의 청소년들처럼 말이다. YWAM 다르항 베이스에서 울란바토르로 가기 전에 화요모임 팀과 함께 기도하면서 받았던 말씀이 생각났다. 말씀대로 그 청소년들은 '물 댄 동산'이 되어 학교로, 가정으로, 사회로 나가게 될 것이다. 지금부터 시작이다. 학원 복음화, 군 복음화, 도시 복음화, 시골 복음화, 세계 복음화는 성령님의 역사하심과 중보기도자의 기도로 이루어질 것이다. 나는 이것을 확신한다.

믿는 자들에게는 이런 표적이 따르리니 곧 그들이 내 이름으로 귀신을 쫓아내며 새 방언을 말하며 뱀을 집어올리며 무슨 독을 마실지라도 해를 받지 아니하며 병든 사람에게 손을 얹은즉 나으리라 하시더라(막 16:17-18)

내가 진실로 진실로 너희에게 이르노니 나를 믿는 자는 내가 하는 일을 그도 할 것이요 또한 그보다 큰 일도 하리니 이는 내가 아버지께로 감이라 너희가 내 이름으로 무엇을 구하든지 내가 행하리니 이는 아버지로 하여금 아들로 말미암아 영광을 받으시게 하려 함이라 (요 14:12-13)

나는 성령의 은사를 사모한다. 그렇다고 해서 은사주의자는 아니다. 그저 성령님의 은사를 사모하는 사람일 뿐이다. 성경에 나오는 믿음의 선진이 행했던 역사를 다 경험해보고 싶을 뿐이었다.

그러던 어느 날, 사역자들과 함께 강가로 바비큐 파티를 하러 갔다. 사역자들은 강가에서 놀고 있었고, 나는 그 강가 근처에서 성령님을 갈망하며 엘리야에 관한 말씀을 묵상하고 있었다. 엘리야가 겉옷을 들고 강물을 치는 장면을 묵상하던 중 사역자들이 놀고 있는 곳에서 멀찌감치 떨어진 곳으로 몰래 이동했다. 그리곤 비장한 표정으로 겉옷을 들고, 강물을 이쪽저쪽으로 마구 치기 시작했다. 마치 엘리야가 겉옷을 가지고 물을 쳐서 강이 이리 저리로 갈라지고 마른 땅을 건너갔던 것처럼 말이다.

그런데 내가 있는 곳을 어떻게 알았는지 사역자 중 한 사람이 내 앞으로 슬쩍 다가왔다.

"선교사님! 뭐하세요?"

"아, 예…. 아무것도 아닙니다. 빨래합니다."

황급히 대답하고 자리를 떠났지만 민망했다. 역시 물은 갈라지지 않았다.

사도행전 5장을 보면, 사도 베드로의 그림자에만 닿아도 사람들이 나음을 얻었다. 그래서 나는 병원 심방을 자주 갔다. 가면 햇빛이 있는 곳에 자주 서서 환자 주변을 어슬렁거렸다. 혹시 오늘은 내게도 베드로와 같은 일이 일어나려나 하는 작은 기대와 소망에서였다.

그러던 어느 날 다시 병원 심방을 가게 되었다. 병실 창가 쪽에 서서 환자 몸에 내 그림자가 드리워지도록 왔다 갔다 주변을 맴돌았다.

"어? 선교사님 뭐하세요?"

같이 심방을 갔던 이가 나의 이상 행동을 눈치챈 듯했다.

"아, 예…. 그냥 지나가 봤습니다. 다 같이 기도합시다."

역시나 아무 일도 없다는 듯 둘러대며 기도를 했다. 그런데 신기하게도 가끔은 환자가 낫는 역사가 일어났다. 중요한 것은 하나님이 고치셨다는 것이다. 내가 어떤 행동을 취했든, 의료진을 사용하셨든, 이 모든 과정을 성령님께서 하셨다는 것을 확실히 믿는다.

> 그러므로 너희 죄를 서로 고백하며 병이 낫기를 위하여 서로 기도하라 의인의 간구는 역사하는 힘이 큼이니라 엘리야는 우리와 성정이 같은 사람이로되 그가 비가 오지 않기를 간절히 기도한즉 삼 년 육 개월 동안 땅에 비가 오지 아니하고 다시 기도하니 하늘이 비를 주고 땅이 열매를 맺었느니라(약 5:16-18)

성령님을 사모하는가? 성령님은 지금도 역사를 일으키고 계신다. 때로는 침묵으로도 그분은 일하신다. 우리가 있는 그곳이, 바로 성령의 뜨거운 임재가 거하는 '마가의 다락방'이 되도록 늘 성령 충만을 사모하자. 그때 우리는 보게 될 것이다. 그분이 일하심을!

믿어야 보이는 것들

"선교사님! 제 아들의 고환(睾丸)이 커져서 걸어 다니지 못합니다. 하나밖에 없는 제 아들이 불구가 됐어요!"

시골교회의 현지인 지도자인 J자매의 이야기다.

나와 현지인 사역자 P가 말씀을 전하러 한 시골교회에 갔을 때 그녀가 있었다. 그녀는 눈물을 흘리며 기도를 부탁했다. 그녀의 두 눈에서 쏟아져 나온 눈물방울이 성전 바닥에 뚝뚝 떨어졌다. 잠시 후 그녀는 눈물을 훔치고, 다시 해맑은 웃음을 지으며 말했다.

"오늘이 제 생일인데 왜 이렇게 눈물이 날까요?"

슬픔을 애써 감춰보려 했다. 우리는 생일잔치를 미처 준비하지 못했지만 마침 다르항에서 시골로 오는 길에 산 초코파이 한 상자가 생각났다. 포장을 뜯고 초코파이를 겹겹이 쌓아 올렸다. 순식간에 그럴싸한 초코케이크가 완성되었다. 유명 빵집의 케이크와는 비교 자체가 안 되는 작고 초라한 것이었지만, 기도하는 마음으로 정성을 담아 쌓아 올렸다.

J자매는 초코파이로 만든 케이크 앞에서 결국 참았던 눈물을 터트리고 말았다. 그녀는 지난 29년 동안 살면서 이제껏 그 누구에게서도 이렇게 따뜻한 생일축하를 받아보지 못했다고 했다. 미래를 함께 설계했던 남편도 아이만을 그녀에게 남긴 채로 떠나 버렸다. 엎친 데 덮친 격으로 홀로 어렵게 키우던 아들의 고환에 큰 문제가 생겼으니 그 슬픔을 어찌 말로 표현할 수 있었을까…. 30세도 채 안 되는 젊은

나이에 마주친 시련들로 그동안 얼마나 많이 울었을지 생각만 해도 가슴이 저렸다.

남편이 떠난 후 지친 삶, 아무 소망이 없던 그녀에게 먼저 찾아온 건 예수님이셨다. 그녀는 예수님을 자신의 구세주로 영접했고, 교회를 다니며 열심히 신앙생활을 시작했다. 그러는 가운데 교회의 리더 팀에 들어가게 되고, 그 동네에서 인정하는 선한 영향력을 끼치는 자매가 되었다. 그녀의 유일한 소망은 오직 '예수님'이었다.

그런 그녀에게 세상에 단 하나밖에 없는 5살 된 사랑하는 아들이 있었다. 그런데 그 아들이 병에 걸린 것이다. 게다가 몽골 현대의학으로는 고칠 수 없다는 불치병 판정이 내려졌다. 아들이 그녀의 전부인데 병원 의사의 진단은 청천벽력과도 같았다.

나는 J자매가 처한 상황에 몹시 안타깝고 가슴이 아팠다. 하지만 마음 한편으로는 내심 성령님이 무엇이든 하실 것 같은 소망이 있었다. 나도 이제까지 인생을 살면서 이런저런 난관에 부딪친 적이 많았지만, 그때마다 기적을 베푸시는 하나님을 경험했던 터였다. 죽음에서 피할 바위가 되시고, 낮에는 구름 기둥으로 밤에는 불 기둥으로 보호하시는 그 하나님을, 나는 경험했다.

하나님은 간혹 우리를 광야의 길이나 우선멈춤의 자리에서 한동안 머물게 하기도 하시고, 어두컴컴한 동굴 속을 지나가게 하시기도 한다. 그러나 그 동굴은 끝없는 암흑의 구덩이가 아닌 결국엔 빛으로 나아가는 터널이다. 끝이 없을 거라 느껴지던 그 고난도 다 지나고 나면 밝은 빛과 따뜻한 햇살의 출구가 보인다.

하나님은 이 출구를 잊고 지내는 백성과 어렴풋이나마 알고는 있지만 반신반의하는 하나님의 백성을 훈련하기 원하신다. 그래서 우리가 다른 것에 눈 돌리지 않고, 온전히 하나님만 바라보며 100% 하나님만 신뢰하기를 바라신다. 하나님은 우리가 어느 상황, 어느 곳에 있든지 당신의 백성과 함께 계시며 도우신다. 하나님은 우리가 그의 도우심을 경험하기를 원하셨다.

나는 믿었다. 초코파이 케이크 앞에서 생일축하를 받으며 울고 있는 J자매의 마음을 하나님께서 이미 받으셨다고 믿었다. 그녀에게 지금 무엇이 필요한지, 그녀가 무엇을 원하는지를 우리 아버지께서는 미리 다 아셨다. 하나님은 우리에게 말씀으로 약속하셨고, 위로하신다.

> 그들이 부르기 전에 내가 응답하겠고 그들이 말을 마치기 전에 내가 들을 것이며(사 65:24)

그녀에게 아들이 어디 있는지를 물었다. 그녀의 아들은 먼 친척 집에 가 있다고 했다. 나는 J자매를 예배당 가운데 앉히고, 함께 있던 사역자들과 함께 그녀의 몸에 손을 얹고 기도하기 시작했다. 그의 아들은 이곳에 없지만 성령 하나님이 그 아들이 있는 곳에서 고치실 것이라는 믿음이 있었다. 우리는 전심으로 중보기도하기 시작했다. 그녀도 아들을 위해 간절한 믿음으로 기도했다.

> 의인의 기도는 역사하는 힘이 큼이니라(약 5:16)

너는 나를 본 고로 믿느냐 보지 못하고 믿는 자들은 복되도다

(요 20:29)

예수님은 우리들의 믿음에 도전하신다. 보이는 것만을 믿지 말고 보이지 않는 것도 믿음으로 보면 보일 것이라고 말이다. 그 아들을 직접 만나보진 못했지만 성령님께서 멀리 있는 그와 함께하시고 고쳐주실 줄을 믿었다. 그 아이가 깨끗이 나아서 초원 위를 뛰어다니며 노는 모습을 우리는 상상했다. 시골교회에 다녀와서 이 이야기를 아내와 나누고 수시로 중보기도 했다.

그런데 일주일 후 전화벨이 울렸다. J자매의 전화였다. 환희에 찬 목소리였다.

"선교사님! 우리 아들이 정상대로 회복되었습니다. 할렐루야!"

우리가 교회서 기도하던 그날부터 친척 집에 있던 아들의 고환이 점점 줄어들더니 1주일 만에 정상 크기로 회복됐다는 것이다. 참으로 놀라운 일이다. 그 지역에 경사가 났고, J자매의 가족과 친척, 주변에 있던 이웃이 모두 기뻐하며 잔치를 벌였다고 했다. 이 사건을 통해 하나님이 살아계심을 많은 사람이 경험하게 된 것이다.

> "그리스도는 치료자와 자유케 하는 자이시다. …치유란 몸의 치유, 마음, 정신적 스트레스, 영적 질병 등을 치유하는 것을 말하며 교회는 구속함을 받은 공동체로서 사람들에게 하나님과 화목하라"(고후 5:20)고 외치는 치료자의 역할을 성취한다."   － 찰스 E. 벤엥겐, 『하나님의 선교적 교회』

우리는 그리스도의 공동체이다. 하나님과 친밀한 관계 가운데 있다면 우리의 질병은 고침 받을 수 있다. 우리는 구속함을 받은 공동체로서 교회 안에 질병을 가지고 있는 형제자매들에게 '여호와 라파'의 하나님을 소개하며 회복케 하는 일에 통로가 되어야 한다.

하나님은 살아계신다! 우리 그리스도인들은 믿음으로 여호와 라파, 치료의 하나님을 의지해야 할 것이다. 그러나 하나님께서 우리에게 주신 의사와 병원도 무시해서는 안 된다. 하나님께서 역사하셔도 우리가 해야 할 일이 있다. 우리는 마음 문을 열고 기대하는 마음으로 기도하고 기다려야 한다. 성령 하나님은 열려있는 우리 마음에 들어오셔서 치료하시고 역사하시는 것이다. 이것이 믿음의 능력이다.

내가 그 딸을 기뻐한다

> 이르되 주 예수를 믿으라 그리하면 너와 네 집이 구원을 받으리라 하고 주의 말씀을 그 사람과 그 집에 있는 모든 사람에게 전하더라 그 밤 그 시각에 간수가 그들을 데려다가 그 맞은 자리를 씻어 주고 자기와 그 온 가족이 다 세례를 받은 후 그들을 데리고 자기 집에 올라가서 음식을 차려 주고 그와 온 집안이 하나님을 믿으므로 크게 기뻐하니라(행 16:31-34)

"N선생님! 아이들을 사랑하십니까?"

"네, 물론입니다. 아이들을 많이 사랑합니다."

"그럼 아이들은 N선생님을 사랑합니까?"

이 질문에 N선생은 눈물을 주르륵 흘리며 이전 유치원에서 있었던 일을 들려주었다.

"애들아, 만약 내가 다른 유치원으로 가게 되면 너희들이 많이 보고 싶을 거야"

N선생의 말에 교실은 눈물바다가 됐다. 아이들도 선생님도 함께 울었다.

"안돼요, 선생님. 선생님이 가시면 우리도 선생님을 따라갈 거예요."

이 대화는 2003년도 우리가 다르항에서 '왕의 자녀King's Kids' 유치원 교사를 뽑을 때 나눈 면접내용이다. K선교사는 YWAM 소속으로 우리보다 2년 먼저 다르항에 가서 홀로 시골교회를 돌보고 중보기도 사역을 하고 있었다. 특별히 오랜 시간 유치원을 위해 기도하며 준비하고 있었다.

그러다가 우리 가족과 몽골 현지인 사역자 형제 두 명이 울란바토르에서 다르항으로 이주한 후에 K선교사와 팀을 이루어 YWAM 다르항 베이스와 구제 사역을 하는 유치원을 세우게 되었다. K선교사와 나는 먼저 몽골 기독교인 교사를 찾았다. 그런데 아무리 둘러봐도 기독교인 교사를 만날 수가 없었다. 할 수 없이 기독교인이 아니더라도 성실하고 마음이 따뜻하며 아이를 사랑하는 선생님, 또 아이들의 사랑을 받는 선생님을 뽑기로 했다. 면접을 통해 N선생이 왕의 자녀 유치원 교사로 선택이 되었다. N선생에게는 우리 유치원이 기독교 유치원이라 성경 말씀과 찬양을 가르치는 교사가 따로 있고, N선생은 아이들 교육만 철저하게 신경을 써달라고 부탁했다.

2003년 9월, 왕의 자녀 유치원이 시작되었다. 가난하고 소외된 계층의 자녀들, 한부모 가정이나 소년소녀 가장과 함께 사는 4, 5세의 아이 20명이 유치원에 들어왔다. 방 3칸, 거실 하나의 낡은 아파트를 개조해서 만든 곳이었다. K선교사가 초대 원장으로 N선생, 성경을 가르치는 A선생과 함께 아이들에게 사랑을 쏟으며 가르치는 동안, 나는 YWAM 다르항 베이스 책임자로서 유치원 사역에 필요한 정부에 관련된 일이나 그 밖의 도우미 역할, 그리고 유치원 아이들의 보호자 교육을 맡았다.

보호자 교육은 '가정 사역 원리'를 가지고 진행했다. 이 유치원은 무료 유치원이라서 하루 세끼를 다 제공하고, 유치원복이나 가방, 학용품도 아이들에게 공급했다. 다르항이 인구 약 11만 명인 작은 도시라서 그런지 어느새 소식을 듣고 많은 사람이 지원서를 넣었다. 우리는 종교단체였지만 그동안 지역담당 공무원들과 함께 구제하는 일을 해왔기 때문에 유치원이 속한 동네의 동장이 추천한 아이들을 일차로 받았다. 그리고 지원자를 개별적으로 방문해 가난하고 교육 혜택을 받지 못하는 아이들을 추렸다.

입학 첫날에 보호자들을 모아놓고 오리엔테이션을 했다.

"선생님뿐 아니라 보호자 여러분도 모두 아이들에게 지대한 관심을 가지고 교육하고 사랑해 주어야 합니다. 여러분이 단지 아이들을 유치원에 맡긴다는 생각, 유치원에서 알아서 다 해줄 거란 생각만 한다면 여러분의 아이들은 다른 곳의 아이들과 별다르지 않을 겁니다."

그리고 학부모 모임을 매월 1회 하는데 1년에 두 번 이상 결석하면 아이를 집으로 돌려보내겠다는 것과 기독교 유치원으로서 성경 이야기와 찬양, 율동을 할 수 있다는 내용에 사인하도록 했다. 이런 과정들이 우리 유치원을 더 든든하게 세워갔다.

왕의 자녀 유치원은 하와이 열방대학의 유치원 프로그램과 몬테소리 프로그램으로 진행되며, 초등학교 입학 준비과정도 함께 했다. 그래서 해마다 우리 유치원 졸업생들이 초등학교에 가면 우등생이 되면서 다르항에서 모범 유치원으로 소문이 났다.

유치원을 개원하고 얼마 안 됐을 무렵, 하루는 N선생이 우리 교회에 나오고 싶다고 했다. 혹시나 N선생이 우리의 눈치를 봐서 마음도 없는데 괜히 저러는가 싶었다. 일단 괜찮다고 하며 우리 아이들이나 많이 사랑해 주고 잘 교육하면 좋겠다고 했다. 그런데 N선생의 마음은 진심이었다. 며칠이 지나고 다시 우리가 세운 세르긍만달 교회에 나가면 안 되냐고 묻는 것이었다. 그 물음에 이렇게 답했다.

"N선생님, 정말 신경 쓰지 않아도 돼요. 당신이 교회를 다니지 않아도 그 어떤 변동이 생기지 않을 겁니다. 당신이 선생님을 하는 데 아무 지장이 없을 거예요."

사실 두 번째 교회 이야기가 나왔을 때는 N선생의 본심을 알고 싶었다. 그랬더니 N선생은 눈치가 보여서가 아니라 우리의 말과 행동 그리고 삶을 보니 자신도 교회에 다니고 싶은 마음이 생겼다고 했다. 그 후 N선생을 교회에 초청해서 복음을 전했다. 그리고 얼마 후 그녀는 세례교육을 받고, 그해 성탄예배 때 개척교회의 첫 세례자가 되었다.

N선생은 이 말씀을 굳게 믿었다.

>이르되 주 예수를 믿으라 그리하면 너와 네 집이 구원을 받으리라
>하고 (행 16:31)

그 믿음은 남편과 자녀들을 주께로 나오게 했고, 부모님과 형제자매도 그녀에게서 복음을 전해 듣고 예수님을 믿게 되었다. 더 놀라운 것은 그녀의 남편 가정이 주께로 돌아오기 시작했다는 것이다.

그렇다. "주 예수를 믿으라 그리하면 너와 네 집이 구원을 얻으리라"는 말씀은 진리였다. 유치원 사역을 하는 동안 N선생은 늦둥이를 임신했고, 온 가족이 기뻐했다. 유치원 선생님들과 YWAM 간사 모두가 축하하며 아이가 건강하게 태어나기를 기도했다.

드디어 딸을 출산했다. 그런데 미숙아였다. 아기가 너무 작고 힘이 없어 보여 검진을 받으러 다르항 종합병원에 갔다. 거기서 청천벽력과 같은 소식을 들었다. 검사결과 심장에 문제가 있어 수술을 받아야 하는데 몽골에서는 할 수 없다는 것이다. 심장 문제로 아이가 더는 성장하지 못한다고 했다. 일단 아이를 입원시키고 지켜보기로 했다. 모유도 전혀 먹을 수 없는 상태라 링거만을 의지하고 있었다.

그렇다고 포기할 우리가 아니었다. 우리가 누구인가! 기도하는 YWAM 아닌가! 교회의 성도들과 YWAM 가족들은 어린 딸을 위해 긴급 작정기도에 들어갔다. 우리는 새벽마다 교회에서 성도들과 기도를

하고, 병원에서는 아기 머리에 손을 얹고 기도했다. 그런데 얼마 있지 않아 내 전화기가 울렸다. N선생이었다.

"선생님, 딸 어떻게 됐어요?"

"선교사님, 우리 딸 죽었습니다."

나도, N선생도 함께 울었다. 그동안 하나님을 신뢰하며 딸을 올려 드렸는데, 병원에 달려가 보니 그 작고 여린 딸의 몸이 하얀 천으로 덮여있었다. 깊은 슬픔에 잠겨 있는 N선생과 가족들을 위로하고 함께 간 현지인 교회지도자 P간사에게 장례식을 준비하라고 일렀다.

얼마나 시간이 지났을까…. 전화벨이 다시 울렸다. N선생이었다.

"선교사님, 기적이 일어났어요. 딸이 살아났습니다!!"

"예? 정말이요? 할렐루야!"

기적이었다. 어찌 된 영문인지도 모른 채 일단 하나님께 감사했다.

그 후 N선생은 울란바토르의 모 단체가 심장병 어린이를 미국에 보내서 무료로 수술받게 한다는 소식을 듣고 울란바토르에 갔다. 미국병원과 연결된 몽골병원을 찾아가 딸의 이름을 올렸고, 대기자 명단에 순번 10번째로 N선생의 딸이 등록되었다. N선생은 그 병원에 딸을 입원시키고 치료를 받게 하면서 미국 가는 날만을 손꼽아 기다렸다.

그런데 몇 주가 지나도 대기 순번이 줄어들지 않고 계속 10번을 맴돌았다. 알고 보니 뒷번호 사람들이 관리자에게 돈을 찔러주고 순서를 앞당겼던 것이다. N선생과 통화를 하면서 마음이 너무 아팠다. 그리고 이 상황을 어떻게 해야 할지 막막했다.

"선교사님, 다른 사람들은 돈을 써서 순번을 앞당깁니다. 저는 어떻게 해야 하나요?"

나는 선교사다. 정직함을 가르치고 법을 준수해야 한다고 가르치는 선생이다. 그런데 그 이야기를 듣고 어떻게 답변해야 할까?

'그 돈이 얼맙니까. 제가 대겠습니다. 순번을 정하는 관리자에게 뒷거래, 그거 한다고 하세요. 일단 아이부터 살려야지요.'

솔직히 그렇게라도 해서 아이를 살리고 싶었다. 그 말이 목구멍까지 차올랐지만 차마 그렇게 말할 수 없었다. 그저 이 말밖에는 할 수 없었다.

"하나님을 기다립시다. 하나님의 얼굴을 구합시다."

그다음 날 다시 전화가 왔다.

"선교사님, 우리 딸이…. 죽었습니다."

가슴이 찢어지는 고통을 느꼈다. 너무 아팠다. 『하나님 정말 당신이십니까?』라는 로렌 커닝햄의 책 제목이 생각났다. 나도 정말 있는 힘을 다해 큰 소리로 외쳤다.

"하나님 정말 당신이십니까?"

다시 P간사에게 장례식을 준비하라고 했다. 그런데 또! 얼마 있지 않아 딸의 생명이 다시 돌아왔다는 소식을 들었다. 이젠 하나님께 감사하기보다는 투정이 나왔다

"하나님, 정말 이러실 겁니까? 대체 무슨 말씀을 하시려고요!"

그런데 하나님이 의외의 답을 주셨다.

"내가 그 딸을 기뻐한다. 그 아이는 내 종이 될 것이다."

그날 저녁, 아이의 심장 수술 도움을 요청하는 이메일을 보냈다. 새벽 2시쯤 미국에서 전화가 왔다.

"안녕하세요? 미국 P집사입니다. 그 아이 심장 수술 경비는 제가 돕고 싶은데요. 교회 신문에서 선교사님의 편지를 보게 되었는데 하나님께서 강하게 말씀하셔서 제가 섬기고 싶습니다."

그 말씀을 듣고 새벽 내내 정신이 번쩍 들었다. 아내와 나는 잠을 못 이루고, 하나님께 감사하며 하나님의 이름을 높였다. 아침이 오기를 기다렸다가 K선교사와 N선생에게 이 소식을 전했고, 그 다음날 바로 한국 비자를 신청했다. 서울 목동 이대부속병원에서 수술을 받게 되었고, 아이는 깨끗이 낫게 되었다.

그 아이가 무럭무럭 자라서 4세가 될 무렵, 하나님의 영이 그 딸에게 임했다. 성령세례를 받고 방언이 터졌다. 아이가 세르긍만달 교회 성도님의 환부에 손을 얹고 방언기도를 하면 낫는 역사가 일어났다. 하나님의 말씀대로 이루어진 것이다. 할렐루야! 모두 하나님께 영광을 올렸다.

『성경에 나타난 하나님의 선교』를 쓴 아서 F. 글라서Arthur F. Glasser는 사도행전에 나타난 성령님의 역사는 교회를 든든하게 세워가고, 성령세례의 포괄성은 성령세례를 받은 모든 사람들에게 선지자적 자각을 일깨워준다고 했다. 새로운 공동체의 본질, 교회의 생명력은 성령님의 능력으로 이루어지는 것이다. 성도들은 그 아이와 N선생의 가정을 보면서 성령 하나님이 살아계심을 확실히 믿게 되었다. 성령님을 사모했으며 교회는 생명력이 있는 공동체로 성장하기 시작했다.

두 번째 안식년에 몽골을 잠시 방문했다. 한 아이가 웃으며 나에게 걸어왔다. 자세히 살펴보니 그 아이였다. 나를 위해 기도해 달라고 했더니 네 살배기 아이가 방언으로 기도해 주었다. 목숨을 두 번이나 잃었던 N선생의 딸이 살아 있다는 것만으로도 기적이며 감사한 일이다. 그런데 그런 그에게 성령의 역사가 일어나고 있다니 감당하기 벅찬 감격이었다.

훗날 이 아이의 이야기를 풀러신학교의 선교학 교수인 폴 피어슨 박사와 나눈 적이 있다. 그 역시 이 일은 성령님께서 하신 일이라며 하나님께 영광을 올렸다. 그러나 한 가지, 어릴 때 주목을 많이 받게 되면 자칫 위험할 수 있으니 멘토가 필요하다는 조언을 들었다. N선생에게 이것을 전해 주었고, 아이는 지금 절제하면서 하나님의 때를 기다리고 있다.

벌써 몇 해 전 일이지만 지금도 기억이 생생하다. 그 아이에게 기도를 받았던 그날의 뜨거운 감동! 나는 그날 하루 종일 선포했다.

"하나님은 살아계십니다!"

Stop Sign

네 번째
쉼표

변화: 트랜스포메이션
(Transformation)

죽음의 땅이 생명의 땅으로

예수를 믿고 변화된다는 것이 무엇인지 정확하게 보여준 놀라운 사례가 있다. 바로 '과테말라'의 한 작은 도시에서 일어난 기적 같은 변화의 증표이다.

'과테말라'라는 나라에 대해 얼마나 알고 있는가? 아마도 '과테말라=커피' 정도로 알고 있는 사람이 대부분일 것이다. 과테말라는 인구 약 1,700만의 중앙아메리카에 있는 나라이다. 그동안 세상에 잘 알려지지 않았던 과테말라에 변화가 일어났다. 전적으로 성령님의 역사이다.

과테말라 산악지대에 위치한 '알모롱가Almolonga'. 그곳은 인구 2만여 명의 작은 도시로 성경에 나오는 소돔과 고모라 같이 타락한 곳이었다. 폭력과 마약, 매춘 등의 각종 범죄와 우상숭배, 술중독자들이 넘쳐나는 죄악의 동네로, 4곳의 감옥으로는 수용이 부족할 정도였다.

땅도 저주를 받았는지 농작물도 잘 자라지 않았고, 마치 버림받아 소망 없는 마을 같았다.

그러나 1970년대 중반, 하나님은 한 사람을 찾으시고 그에게 사명을 주셨다. 바로 '마리아노 리스카헤Mariano Riscajche' 목사다.

그가 처음부터 목사였던 것은 아니었다. 그도 다른 이들과 같이 알코올 중독에 빠진 한 명의 젊은이였다. 그러나 어느 날 술에 거나하게 취한 이 젊은이에게 하나님께서 말씀하신다.

"내가 너를 선택했다."

하나님의 음성을 듣고 마리아노는 1974년에 회심하여 예수님을 영접한다. 마리아노는 강한 성령의 역사하심을 체험한 후 믿음의 사람이 되었다. 당시 알모롱가 지역 주민들은 마시몽Maximon이라는 우상을 숭배하고 있었다. 마시몽은 진흙으로 된 얼굴에 나무 몸으로 만들어진 알모롱가의 우상이었다. 주민들은 이 우상에 옷을 입히고, 이 앞에서 절을 하며 입 맞추기도 했다. 마리아노 목사는 알모롱가에 일어나는 사탄의 역사를 영적으로 보기 시작했다. 그 후 몇 사람과 함께 모여 금식하며 알모롱가를 축복하고 중보기도하며 영적 전쟁 했다. 수많은 협박과 목숨을 잃을 고비를 여러 번 만났지만 마리아노는 멈추지 않고 복음을 전했다.

> 너희는 예루살렘 거리로 빨리 다니며 그 넓은 거리에서 찾아보고 알라 너희가 만일 정의를 행하며 진리를 구하는 자를 한 사람이라도 찾으면 내가 이 성읍을 용서하리라 (렘 5:1)

그러자 하나님의 역사가 나타났다. 성령님이 강력하게 중보기도자들에게 임하셨고, 마을 사람들의 병고침을 받는 역사와 귀신이 떠나가는 역사가 나타났다. 수많은 무당이 주께로 돌아왔고, 많은 가정이 회복되며 그 땅이 변화되기 시작했다. 36개 중 33개의 술집이 문을 닫았고, 교도소의 죄수들이 모범수로 출소하며 범죄자의 수가 감소했다. 급기야 교도소는 더는 필요가 없어져 예식장으로 탈바꿈했고, 교도관들이 직업을 잃게 되었다. 무엇보다 30여 년 전에는 그리스도인이 거의 없던 그곳이 지금은 95%이상 복음화되었다.

과테말라 알모롱가의 부흥의 역사에는 영적인 부분뿐 아니라 눈에 직접 보이는 땅의 변화까지도 포함되어 있다. 물이 없던 곳에서는 지하에서 샘물이 터져 나왔다. 30배, 60배, 100배의 열매를 맺는다는 성경 말씀대로, 그곳의 농작물들은 다른 곳과 비교할 수 없을 만큼 크고 풍성해졌다.

이러한 변화에 대해 마리아노 목사는 이렇게 말한다.

"알모롱가의 변화를 연구하기 위해 세계적인 학자들이 다녀가기도 했습니다. 그러나 변화의 원인을 찾아낼 수 없었어요. 당연하지요. 사람의 힘으로 변화된 것이 아니라 하나님의 기적으로 된 일이기 때문입니다."

그렇다. 하나님이, 성령님이 하신 일이다. 인간의 힘과 능력이 아닌 전적인 하나님의 은혜로 이루어진 변화이다. 이것이 바로 '변화: 트랜스포메이션'이다. 황무지가 기적의 땅으로 변화되는 것, 생명 잃은 곳에 새 생명이 가득 차게 되는 것이 진정한 변화인 것이다. 단지 개인의 변화만이 아니라 개인의 삶과 그의 가정, 나아가 사회와 국가까지도 영향을 끼칠 수 있게 되는 것이 우리가 꿈꿔야 하는 참된 변화이다.

그렇다면 하나님이 주관하시는 변화의 중심에 서기 위해선 무엇이 필요할까? 마리아노 목사는 죽음을 두려워하지 않고, 담대하게 영적 전쟁을 선포하며 복음의 진리를 전했다. 그것은 바로 강력한 성령님의 능력을 받았기 때문이다.

> "우리가 우리 스스로에 대해 생각하고 평가하는 그대로 우리의 대적도 따라 한다. 만약 우리가 자신을 어둠의 세력보다 약하고 부족하고 무능하다고 인식한다면 어둠의 세력 또한 우리를 동일하게 취급할 것이다."
>
> — 밥 베킷, 『지역을 바꾸는 기도』

효과적으로 복음을 전하고 교회를 개척하기 위해서 우선되어야 하는 일들이 있다. 먼저 지역을 조사하면서 영적 전쟁을 선포하고, 중보기도 사역을 하는 것이다. 지역조사는 그 지역에 복음이 들어갔는지, 교회가 몇 개 있는지 등과 함께 인구밀도, 경제수준, 교육수준 등을 자세히 살피는 것이다. 이 조사는 영적 도해 Spiritual Mapping와 연결되는 선교 전략 중의 중요한 부분이기도 하다. 무엇보다도 복음의 미전도 지역에 교회를 개척할 때 더 이런 조사를 할 필요가 있다.

이르시되 우리가 다른 가까운 마을들로 가자 거기서도 전도하리니 내가 이를 위하여 왔노라 하시고 (막 1:38)

우리는 왜 복음의 미전도 지역에 교회를 개척해야 하는가? 이는 예수님의 사명이기 때문이다. 잃어버린 영혼에게 기쁜 소식을 전하기 위해서이다. 예수님은 당시에 자신을 만나고 싶어하는 사람들이 많다는 것을 아셨다. 그러나 예수님은 복음을 알지 못하는 자들에게 먼저 가서 생명의 말씀을 전하는 일에 우선하셨다.

또 내가 그리스도의 이름을 부르는 곳에는 복음을 전하지 않기를 힘 썼노니 이는 남의 터 위에 건축하지 아니하려 함이라 (롬 15:20)

사도 바울도 복음을 전하고 교회를 개척할 때 이미 교회가 세워진 곳은 피하고 복음이 아직 들어가지 않은 새로운 지역을 선택하고자 했다. 복음 전도에도 우선순위가 있다.

2003년 2월, 우리도 사역하던 수도 울란바토르를 떠나 현지인 사역자 P간사, T간사와 함께 다르항으로 향했다. 떠나기 전에 여러 선교사와 현지인 지도자는 우리에게 다르항 이주를 다시 고려해 보는 것이 어떻겠냐고 했다. 왜냐하면 다르항이 외부인에게 배타적이며 기가 센 곳이라는 것이다. 당연히 사역이 쉽지 않을 것이라고 했다. 게다가 선교사들이 가장 신경 쓰는 자녀교육 면으로 보자면 주저할 만한 조건이었다. 다르항에는 울란바토르에 있는 선교사 자녀학교도 없고, 아이들에게 적합한 교육환경을 기대하기 어려운 곳이었다. 우리 부부야 어디든 갈 수 있지만 아이들의 교육문제를 놓고는 어떻게 해야 할지 고민이 앞섰다. 아내와 함께 기도하면서 하나님이 주시는 약속의 말씀을 받기로 했다.

"하나님, 우리에게 말씀으로 확인시켜 주세요. 주변에서는 우리가 그곳에 가는 것을 우려하고 있습니다."

하나님은 새로운 땅, 새로운 부르심에 대해서 에스겔 47장 말씀을 주셨다. 성전에서 물이 흘러나와 아라바 광야를 적시고, 사막에 강을 이루며, 광야에 길을 내어 생명이 흘러갈 것에 대해 말씀하셨다. 강 주변에 많은 과실나무가 자라며, 강물에는 수많은 물고기가 살아 숨 쉴 것이라고 하셨다. 그 물고기를 잡으러 각처에서 온 어부들이 기뻐하며 무너진 것이 회복되고, 파괴된 곳이 보수되는 일이 다르항에서 우리를 통해서 일어날 것이라고 하나님은 말씀하셨다. 할렐루야!

다르항은 울란바토르의 북쪽에 있고, 차로는 약 3시간 정도 걸리는 곳이다. 인구는 약 11만으로 작고 조용하지만, 울란바토르에 이어 두 번째로 큰 도시이다. 인구 4만 명의 신(新) 다르항과 7만 명의 구(舊) 다르항으로 나뉘는 다르항. 그곳엔 각각 2개의 교회가 있었다. 다르항으로 이주하기 전에 2년 동안 다르항 지역을 여러 번 방문하며 조사했다. 그리고 그 시기 동안 다르항에서 기차로 1시간 떨어져 있는 어르홍Orkhon 지역의 어르홍 교회를 섬겼다.

그 후 다르항시의 영적 도해와 지역 상황 조사를 거쳐 유목민들이 함께 어울려 사는 지역인 구 다르항에 교회를 개척했다. 그 교회가 세르긍만달(부흥) 교회이다. 구 다르항은 가끔 살인사건이 나는 우범 지역이었다. 그러나 하나님의 은혜로 교회에 사람들이 모이면서 예배 장소를 조금씩 넓혀가는 부흥을 경험했다. 현지인들이 훈련받아 지도자로 세워져 시골 지역으로 파송받기도 했다.

그러나 교회 주변의 환경이 저녁 모임에 적합하지 않았다. 종종 살인사건이 일어나기도 하고, 전국에서 유명한 밀주(密酒) 제조공장도 가까이에 있어 술중독자들이 교회 근처에서 자리를 잡고 있었다. 오죽하면 겨울에 굶어죽는 사람보다 술 취해 길거리에 쓰러져 얼어 죽는 사람들이 더 많다고 했을까.

이 지역의 U형제도 그렇게 술을 좋아했다. 아내와 두 자녀를 둔 통계청에서 일하는 형제였는데 중독에 빠질 만큼 술을 좋아했다. 그런데 그에게 예수님이 찾아오셨다. 그날부터 그에게 변화가 시작됐다. 온 가족이 예수님을 영접하고 열심히 신앙생활 하는 가운데 YWAM의 가족제자훈련학교FDTS에 들어가기로 한 것이다. 놀라운 변화였고 큰 결정이었다. FDTS에 들어오면 다른 사람들과 공동체 생활을 하며 약 5개월의 강의와 전도 여행을 해야 한다. 그런데 그가 그런 결정을 하다니 놀라운 일이 아닐 수 없었다. 형제는 자신이 일하는 통계청에 휴직서를 제출하고, FDTS를 위한 준비를 시작했다.

그런데 문제는 항상 작은 유혹에서 시작된다. U형제의 직장 생활 마지막 날이었다. 동료직원들이 환송 파티를 해주겠다며 마지막으로 술 한잔하자고 꼬드긴 것이다. 형제는 몇 번을 사양하다가 결국 그 꼬임에 넘어갔다.

'뭐, 마지막인데 오늘 한 잔이 진짜 끝이다. 내일부터는 몸도 맘도 새롭게 하고, 훈련 잘 받아 하나님께 쓰임 받는 자녀가 되자.'

그렇게 퇴근 후 동료들과 이별주 한 잔을 하게 되었다. 그 한 잔이 두 잔, 두 잔이 석 잔으로 끊임없이 이어졌다.

모임을 끝내고 저녁 늦게 밖에 나와 동료들과 택시를 기다렸다. 동료들은 하나둘 각각 다 택시를 잡아 떠났다. 영하 30도의 차가운 공기와 깜깜한 어둠, 깊은 적막감이 흐르는 길거리에 U형제만 남았다. 기다리고 기다려도 차는 오지 않는데 쏟아지는 잠은 막을 길이 없었다. 결국 그는 길거리에서 그대로 쓰러져 잠이 들었다.

그 시각, 세르긍만달 교회 가까이서 살던 우리 성도 한 명이 집에 있다가 갑자기 밖에 나가고 싶은 생각이 들었다고 한다. 자기 차를 몰고 동네를 한 바퀴 도는데 눈길 위에 사람이 쓰러져 있는 것이 보였다. U형제였다. 즉시 차에 태워 집으로 데려갔지만 이미 두 손이 꽁꽁 얼어 동상에 걸린 상태였다. 우리 성도는 급히 형제를 병원으로 옮겼다. 하지만 결국 U형제의 오른 손 다섯 손가락과 왼손 새끼손가락을 잘라낼 수밖에 없었다.

수술 후, U형제의 담당의사는 말했다.

"그래도 운전은 할 수 있겠네요."

U형제는 운전이라도 할 수 있음에 너무 감사했다. 그가 있던 병실에는 U형제처럼 음주 후 동상 걸린 환자들만 있었다. 어떤 이는 다리를, 어떤 이는 팔 전체를, 또 어떤 이는 얼굴의 일부분과 귀를 잘라 내야 했다. 수술 받고 침상에 누워 있는 그들을 보며 U형제는 울기 시

작했다.

"하나님께서 나를 사랑하셔서 죽게 하지 않으셨구나. 팔과 다리도 잘라내지 않고, 손가락만 자르게 하셨구나."

눈물을 흘리며 감사해했다. 남은 손가락으로 하나님의 일을 할 수 있게 되었다고 말이다.

이런 사건이 일어난 후 한동안 현지인 사역자들이 교회 주변 환경이 좋지 않으니 좀 더 나은 곳으로 교회를 옮기자는 의견을 내놓았다. 나는 하나님께 기도했다.

"하나님, 어두운 곳에 빛을 밝히는 것이 교회인데, 어두운 주변 환경이 이곳에서 교회를 운영할 수 없게 합니다. 교회를 옮겨야 하나요? 만약 이곳에 교회가 없다면 이곳이 어떻게 변화될 수 있겠습니까? 하나님 도와주세요. 저희가 어떻게 할까요?"

이렇게 시작한 기도는 온 교회의 기도가 되었다. 우리가 한맘으로 기도하던 중 하나님께서는 영적 전쟁에 대한 감동을 주셨다. 그 방법은 영적 전쟁을 선포하고, 이 땅을 위해 중보기도하는 것이었다. 그 땅에 참된 변화를 일으키라는 사명을 주신 것이다. 곧바로 지도자들을 모아놓고 교회를 옮기지 않겠다고 선언했다. 대신 자유롭게 모이고 여러 위험으로부터 성도들이 보호받을 수 있도록 대안을 제시했다.

먼저 변화Transformation라는 다큐멘터리를 보면서 과테말라 알모롱가의 영적부흥의 물결이 이곳, 다르항에도 올 것이라고 선포했다. 그 날부터 성도들에게 변화를 위한 영적 전쟁을 가르쳤다. 예배를 마친 후에는 동네를 돌면서 집마다 돌아다니며 대문에 손을 얹고 기도했다. 주민들에게 방해되지 않도록 큰소리를 내지 않고 조용하고도 간절하게 축복하며 다녔다. 그 땅을 밟으면서 이곳이 하나님의 땅이라고 선포했다. 하나님의 거룩함과 사랑이 우리 교회에서 다르항 구석구석으로 흘러갈 수 있도록 간절한 마음으로 기도했다.

놀랍게도 교회 주변이 점차 변하기 시작했다. 세르긍만달 교회 바로 옆에 구호단체 월드비전World Vision의 큰 유치원이 들어섰다. 경찰들은 유치원 일대를 돌며 경비하기 시작했고, 우리 교회가 세운 가로등 주변으로 몇 개의 가로등을 더 세워 주었다. 뒤이어 밀주(密酒)를 만드는 곳도 하나둘씩 자취를 감추기 시작했다. 알코올 중독자들이 줄어들었다. 급기야 시정부에서는 세르긍만달 교회가 속한 지역을 특별구로 지정했다. 교회 앞 큰 도로가 러시아로 통하는 길이었기 때문이다.

우리가 믿고 선포한 대로 다르항에도 변화의 파도가 밀려왔다. 그러나 누구의 힘이나 노력에 의한 것이 아니었다. 오직 한 분! 바로 하나님께서 하신 일이다. 인간의 눈으로 볼 때 세르긍만달 교회 주변은 어둠이 가득한 땅이었다. 그러나 하나님은 그곳을 당신의 빛으로 환하게 밝히셨다. 그렇게 한 동네를 변화시키셨다.

우리의 인생에도 변화가 필요한 영역이 있다. 이제 그 변화를 누구에 의지해 일으키겠는가. 우리는 할 수 없다. 그러나 우리 안에 답이 있다. 성령 하나님, 그분만이 진정한 변화를 주실 수 있다.

교도소 안에서의 특별한 만남

"여보! 난 이제 교도소에 가면 6년 동안 썩어야 해. 그러니 나를 잊고 다른 남자 만나 잘 살구려. 난 정말 구제 불능인 사람이요. 그리고 내가 다시 출소한다면 지금보다 더 난폭하고 포악한 깡패의 길로 가려고 하오. 그러니…."

살인사건에 연루된 남편은 이 말을 남기고 교도소로 갔다. 왜소한 체격에 날카로운 눈빛, 하지만 어딘지 모르게 슬픔이 서려 있는 얼굴은 다른 사람들을 두려움에 떨게 했다. 하루가 멀다 하고 술을 마시고, 4명의 조직폭력배와 함께 강도가 되어 물건을 훔치고, 사람까지 해치는 흉악범, 그가 바로 S형제이다. 딸과 아들 그리고 사랑스러운 아내를 버려두고, S형제는 교도소로 향하는 버스에 몸을 실었다. 그리고 기약 없이 아득히 높은 담벼락 너머로 사라졌다.

하지만 아내는 교도소에 갇힌 남편을 위해 매일같이 기도했다.

"하나님! 제 남편이 빨리 출소하게 해 주세요. 남편이 교도소에서 하나님을 만나게 해주세요.

하나님만 신뢰하고 섬기는 사람이 되게 해주세요."

이렇게 남편을 위해 중보기도하는 아내의 두 손을 주님이 잡아 주셨다. 하지만 아내가 밖에서 기도하는 동안 남편은 교도소 안에서 더 강하고 악해지려고 안간힘을 쓰고 있었다. 그는 '출소하면 지난날보다 더 악하게, 더 강하게 살 것이다'라고 다짐했다. 이 말이 점점 현실로 다가오는 듯했다.

그런데 어느 날부터 기적이 일어났다. 전혀 예상하지 못한 형량 감소를 시작으로, 그의 주변에서 크고 작은 도움의 손길이 계속되었다. 정말 이상했다. 결국 보이지 않는 뭔가가 있음을 그는 서서히 깨닫게 되었다. 그러나 그 도움이 어디서, 누구로부터 오는지 알 수 없었다. 어쩌면 하나님께서 S형제를 교도소라는 '우선멈춤'의 자리에 두셨는지도 모르겠다. 그분은 선택하신 그 형제를 통해서 특별한 일을 하시고자 했을 지도 모른다.

결국 3년 6개월 만에 S형제는 출소했다. 교도소 정문에는 전혀 기대하지 않았던 한사람이 서 있었다. 아내였다. 그의 아내는 3년 6개월을 하루도 빼먹지 않고 하나님께 기도했다. 그 중보기도 소리를 하나님께서 들으신 것이다.

그런데 S형제는 출소를 했다고 변할 인물이 아니었다. 동네 사람들은 더욱 그를 두려워했다. 교도소에서 이전보다 더 포악무도해졌다는 소문이 들렸기 때문이다. 많은 이가 예측한 대로 그는 계속해서 거칠고도 암울한 지난날의 습관을 쫓아 살아갔다.

그러던 어느 날 그는 아내의 성화에 못 이겨 교회에 가게 된다. 그동안 온갖 죄를 지어온 터라 영 불편하고 어색한 자리였다. 그런데 그곳에서 그는 하나님을 만났다. 아니 하나님께서 그를 만나주신 것이다.

사실 처음에는 '교도소에서 만난 그분이 예수님인가?'라는 의문을 품었다고 한다. 그러다 시간이 흐르면서 그는 확실히 깨닫게 되었다. 교도소 안에서 잠자리에 들 때 평강으로 찾아오신 분, 악한 마음을 품을 때마다 따뜻하고 온유한 마음으로 바꾸어주던 그분이 바로 예수님이셨음을 말이다. 그것이 바로 그를 향한 예수님의 사랑이라는 것을 알게 된 것이다.

그날 이후로 그의 날카로웠던 두 눈이 부드러워지고 성품도 차분해졌다. 그의 눈에 이 세상이 새롭게 보였다. 모든 것이 아름답고 사랑스럽게 보였다. 얼마 있지 않아 S형제는 고향에서 세례를 받고 아내와 함께 우리가 사역하고 있는 다르항 가족제자훈련학교에 오게 되었다. 그들은 빠른 속도로 변화되고 성장했다. 놀랍게도 그 변화는 그의 가정에도 영향을 미쳤다. S형제는 훈련을 마치고 고향으로 돌아가기 전 우리에게 자신의 삶을 나누었고, 고향에서 그들이 하게 될 일에 대해 중보기도를 부탁했다. 우리 부부는 간사들과 함께 계속 중보기도를 해주었다.

고향에 계시던 S형제의 아버지와 어머니는 그의 변화된 모습을 보고 마음이 녹기 시작했다. 원래 그의 부모님은 '승려'라고 불릴 정도로 라마 불교에 심취한 분들이다. 그런데 그들이 아들에게 이렇게 말했다고 한다.

"너는 절대로 예수를 떠나 살지 말거라. 네가 그렇게 변화된 모습을 보니 하나님이 살아 계시나보다."

그의 부모님을 비롯해 형제자매들과 친척들이 예수님을 만나 새사람이 된 그를 보면서 변화되기 시작했다. 진정한 변화가 일어난 것이다. 참된 변화란 그런 것이다.

사실 S형제 가족이 살던 집과 땅은 악령이 내린 곳이라고 아무도 거들떠보지 않았을 뿐 아니라 심지어 두려워했던 곳이었다. 그동안 주인이 여러 번 바뀌었는데 그때마다 사람이 죽거나 병환으로 고통을 받았기 때문이다. 집안에 악령이 임했다며 다들 그곳으로 이사하기를 꺼렸던 집이었다. 그 집에서 사는 S형제 부부도 다를 바 없었다. 수년 동안 악한 영에 사로잡혀 있었던 것이다.

그러나 하나님을 만나고 성숙한 그리스도인이 되면서 그들은 변화됐다. 그 땅을 축복하기 시작했다. 오랜 시간 악한 세력들에 묶여 있던 땅을 마태복음 16장에 있는 말씀대로 주 예수 그리스도의 이름으로 풀고 축복했다.

구약성경을 보면 위대하고 능력이 많은 선지자요, 이스라엘 백성들의 영적 지도자였던 엘리야가 나온다. 하나님의 모든 사역을 마치고 불 말과 불 수레를 타고 하늘로 올라간 후, 그의 제자 엘리사가 이스라엘의 영적 지도자가 된다. 지도자로서 엘리사가 행한 첫 번째 기적은 여리고 성의 샘에서 흘러나온 오염된 물을 생명의 물로 회복시킨 것이었다.

여리고는 요단 강의 영향을 받아 터가 아름답고 비옥한 땅이었지만, 물이 좋지 못해서 토산-원어적 의미로 땅, 토지, 백성, 사람-이 익지 못하고 떨어졌다. 그 샘에서 흘러나오는 물을 마신 여자들이 임신해도 유산이 되었다. 또한 과실나무는 열매를 맺지 못하고, 사람이나 짐승들이 그 물을 마시면 배탈이 나거나 죽는 경우가 허다했다. 그러나 하나님께서 엘리사를 통해 여리고를 회복의 땅, 축복의 땅으로 바꾸어 주셨다.

> 내가 이 물을 고쳤으니 이로부터 다시는 죽음이나 열매 맺지 못함이
> 없을지니라 (왕하 2:21)

    S형제 부부도 엘리사처럼 영적 전쟁을 선포하고, 자신이 거주하던 저주의 땅을 축복했다. 하나님의 약속을 붙든 것이다.
    그러자 특별한 일이 일어났다. 어느 몽골 목사가 찾아와 S형제가 살고 있는 땅과 집을 사서 그곳에 교회를 세우겠다는 것이었다. 몇 달이 되지 않아 정말 그 자리에 멋있는 하나님의 교회가 세워졌다.
    엘리사가 여리고의 오염된 물의 근원을 축복하며 선포했던 것처럼, S형제 가족의 축복과 중보기도로 그 땅이 변화되었다. 더 감사한 일은 S형제 부부가 그 마을의 복음주의 교회 지도자가 되었다는 것이다. 우리는 S형제 가족 이야기를 들으며 하나님께 감사와 찬양을 올렸다.
    살다 보면 사방이 막힌 감옥에 둘러싸인 것처럼 느껴질 때가 있다. 혹은 실제로 감옥에 들어가야 하는 상황이 생길 수도 있다. 그때 누구의 얼굴을 구해야 할 것인가? 우리가 거주하는 땅이, 내 주변이, 악한 세력과 저주의 영으로 흔들릴 때, 우리는 담대하게 그 세력을 향해 전쟁을 선포할 수 있을 것인가?
    하나님은 오늘도 우리에게 말씀하신다.
    "전쟁은 나에게 속한 것이니 너는 오직 그 땅을 향해 크게 축복하고, 간절히 기도하거라. 나를 예배하거라. 나의 얼굴을 구하거라."

불상은 무너질지어다

다르항 세그릉만달 교회는 가정교회로 시작한 것이 배가 되며, 조금씩 부흥되기 시작했다. 구 다르항에 사시는 N할머니 댁에서 예배를 드린 지 2개월 만에 몰려든 30여 명으로 집안은 발 디딜 틈도 없었다. 그러더니 거기서 성도의 수가 더 늘어 그곳에서 더는 예배를 드릴 수 없게 되었다. 다시금 임대 건물로 이전해서 몇 개월 만에 성도가 60여 명이 되었다. 성도의 95% 이상이 우리의 복음 전도를 통해 생전 처음 교회에 나오게 된 사람들이었다. 다른 교회를 다니다가 우리 교회로 옮겨온 수평 이동이 아니었다.

어느 날 교회의 현지인 지도자들이 교회 건물을 세우자는 제안을 했다. 그 말을 듣자마자 이 생각이 떠올랐다.

'저들의 마음이 변질되어 가는구나'

내가 외국인 선교사니 필요한 재정은 당연히 내게서 나올 것으로 기대한다고 생각했기 때문이다.

"재정도 하나 없고 땅도 없는데 어떻게 건물을 지을 겁니까?"

의심에 찬 나의 물음에 그들은 이렇게 답했다.

"몽골인 부부는 몽골 정부로부터 무료로 얼마간의 땅을 받습니다. 세 부부만 모여도 1,000평 이상의 땅을 정부로부터 받을 수 있을 겁니다."

"그리고 주일마다 주정헌금 이외에 건축헌금을 하겠습니다."

아…. 나의 어설픈 오해가 너무 부끄러웠다. 곧장 하나님께 회개와 감사의 기도를 드렸다. 이것이 바로 토착교회의 시작이 아닌가. 이것이 교회의 자치, 자립, 자전을 돕는 시작점이 아닌가 싶어 감격했다.

그해 여름 미국 후원교회에서 전도 여행을 왔는데 주일에 헌금바구니가 두 번 돌아가고 있으니 팀장이 질문을 했다.

"선교사님, 첫 번째 헌금주머니에 저희들이 준비해온 주일 헌금을 넣었는데 두 번째 것은 무엇인지요? 들은 바가 없어 준비를 못 했는데요."

"아, 예. 죄송합니다. 저것은 보시다시피 교회가 협소하니 현지인들이 스스로 교회를 건축하자며 건축헌금을 하는 겁니다. 1년째 이렇게 해오고 있습니다."

전도 여행팀은 이 모습에 감동을 받아 감사하게도 9,000불을 건축헌금으로 주고 떠났다. 그 재정이 큰 힘이 되었다. 몇 개월 뒤에 성도들이 그동안 모은 헌금과 그 밖의 헌금 등을 합한 13,000불로 다르항 세르긍만달 교회는 자체건물을 갖게 되었다. 새로 건축은 못 했지만 임차해 쓰던 교회의 단층 짜리 낡은 건물을 사들여 이곳저곳을 보수하였다. 전교인이 기쁜 마음으로 함께 낡은 벽지를 뜯고 새 벽지를 바르며, 커튼을 달고 수리해서 하나님께 봉헌예배를 드렸다.

다르항 교회를 개척한 지 어느덧 1년이 지났다. 주일학교와 장년부가 각각 90여 명과 150여 명으로 늘어났다. 몇 년 후 현지인 목회자에게 이양한 다음에는 내가 그 교회를 담당하고 있을 때보다 더 활발하게 사역이 진행되고 있다. 세르긍만달 교회는 2018년도에 창립 15주년을 맞는다. 이를 기념해 300석 규모의 새로운 교회당을 지으려고 기도하며, 건축헌금을 자체적으로 하고 있다.

이 모든 일을 가능하게 하신 하나님께 영광을 돌린다. 사실 인간적으로 생각할 때는 불가능한 일처럼 보였다. 그러나 우려와는 달리 하나님의 빛을 밝히는 교회의 역할을 잘 감당하고 있어 하나님도 기뻐하실 줄 믿는다.

부흥의 이야기가 계속 펼쳐지던 어느 날이었다. 현지인 지도자와 N할머니 댁에 심방을 갔다. N할머니는 세르긍만달 교회의 첫 세례자 중 한 분이시다. 집에 들어서자마자 벽에 걸려 있던 우상들과 불상 그림들이 눈에 들어왔다.

"할머니, 이 집에는 하나님께서 싫어하시는 물건이 있습니다."

"어디에 그런 것이 있습니까?"

나는 벽을 가리키며 말했다.

"방 모퉁이의 우상들과 왼쪽 벽에 걸린 그림들이요."

몽골의 추위가 아주 매섭기에 몽골인들 집안 벽에는 보통 두꺼운 카펫이 걸려 있다. 그런데 할머니 댁의 거실 벽 카펫을 보니 뒤에 뭔가 있는 것이 직감되었다. 2*3m의 큰 카펫 위쪽을 들춰보니 역시나 부적들이 붙어 있었다.

할머니께서 놀라고 두려워하는 모습으로 물으셨.

"그럼 어떻게 하면 됩니까? 저는 전혀 알지 못했습니다."

"할머니, 제가 처리해도 될까요?"

나는 P간사와 함께 불상 그림들과 불경, 부적 등 모든 우상단지를 비닐봉지에 넣어 교회 앞마당으로 가져왔다. 그리고 모두 불살라 없애버렸다.

그런데 그일 직후, N할머니의 구멍가게에 원인을 알 수 없는 불이 났다. 엎친 데 덮친 격으로 일주일 후에는 할머니 집에 도둑이 들어 귀중품을 다 도난당하는 일까지 벌어졌다. 가보니 도둑이 도끼로 대문을 부순 것인지 문짝이 몇 조각으로 너덜너덜 나뉘어 있었다. 나와 아내는 영적 전쟁을 하며 하나님께 기도했다.

"하나님, 이러시면 안 됩니다. 할머니께서 주님을 영접하고 그동안 얼마나 열심히 신앙생활을 해 오셨는지 아시잖아요! 그런데 어떻게 이런 일이 일어나게 하십니까? 혹시 이런 일들로 하나님을 원망하고 부인하며 다른 사람들에게 기독교를 욕하면 어떡합니까?"

그러나 하나님은 이렇게 말씀하셨다.

"내가 새 일을 행하리라."

과연 하나님이 계획하신 새 일이란 뭘까. 나와 아내는 기대 반 염려 반으로 하나님의 얼굴만을 구했다.

며칠이 지난 후 N할머니가 오디오 세트를 들고 교회 사무실에 오셨다.

"선교사님, 이것을 교회에 드리고 싶습니다. 교회 안에 찬양 소리가 계속 울려 퍼지면 좋겠습니다."

나는 영문도 모르고 감사하다며 오디오 세트를 받고 여쭈었다.

"예, 할머니 무슨 일이십니까?"

"내가 그동안 신앙생활을 열심히 하지 않아서 이런 시험이 오나봅니다. 더 열심히 하나님을 믿고 섬기며 따라야 할 것 같습니다."

오, 주여! 할머니의 진정한 믿음의 고백이었다. 하나님께 감사하지 않을 수 없었다. 극단적으로 생각하면 하나님이 신앙생활을 제대로 못하는 사람에게 벌주신다는 메시지로 보일지도 모른다. 하지만 우리 하나님은 사랑하는 자녀에게 결코 벌부터 내리는 그런 분이 아니시다. 하나님은 사랑이시다.

N할머니의 결단이 하나님 보시기에 얼마나 아름다웠을까! 하나님께서는 N할머니의 가정을 축복하시기 시작했다. 자녀들의 사업이 번성하고, 손자의 학업에 좋은 결과가 나왔다. 다르항 YWAM 에서는 건축 자재를 지원해서 할머니의 불탄 가게를 새로 지어주었다. 그리고 무엇보다 감사한 것은 N할머니를 통해 주변의 많은 영혼이 주께로 돌아온 것이다. 할머니는 후에 '밥퍼 사역Feeding Ministry' 책임자로 오랫동안 섬기셨다.

이 시기에 왕의 자녀 유치원에서는 K선교사가 아이들에게 중보기도와 영적 전쟁을 가르쳤다. 아이들은 선생님과 함께 매일 아침마다 나라와 민족을 위해 고사리 같은 두 손을 모아 중보기도 했다. 하나님은 맑고 깨끗한 아이들의 기도 소리를 들으시고, 많은 열매를 보게 하셨다.

몽골 제3대 대통령 '엥흐바야르'Nambaryn Enkhbayar, 1958~ 때의 일이다. 그에게는 위험한(?) 꿈이 있었으니, 모든 군소도시에 대형 불상을 세우는 것이었다. 결국 몽골 2대 도시인 다르항에는 세 번째 대형 불상이 세워졌다. 그래서 나와 K선교사는 교회들과 유치원, YWAM 다르항 베이스의 모든 간사들에게 영적 전쟁을 선포하고 중보기도를 요청했다. 보이지 않는 세계와 보이는 세계와의 전쟁이 시작된 것이다.

> "이 땅의 전쟁은 보이는 영역에서의 전쟁이 있고 보이지 않는 영역에서의 전쟁이 있다. 교회는 하나님의 계획을 방해하는 보이지 않는 영역에서의 원수와 전쟁하도록 부르심을 받았다. 이것이 영적 전쟁이다."
>
> - 홍성건, 『하나님이 찾으시는 사람』

다르항에 불상이 세워지는 날부터 간절히 기도했다. 보이지 않는 내면의 불상이 무너지기를, 참 하나님이신 예수님을 믿고 주께로 돌아오도록 중보기도 했다. 특히 우리 왕의 자녀 유치원 아이들에게 이 기도 제목을 나눠 열심히 기도하게 했다.

어느 날 유치원을 마친 후 선생님들과 아이들이 대중버스를 타고 불상 옆을 지나가게 되었다. 그때였다. 시키지도 않았는데 아이들이 일제히 손을 들고 외쳤다.

"불상은 무너질지어다!"

"선생님, 저것은 나쁜 것이지요? 사탄은 물러가라!"

우리 선생님들은 당황해서 어쩔 줄을 몰랐다. 버스에 앉아 있던 다른 사람들이 얼마나 이상하게 생각했을까. 이 사건 이후 아이들과 공공 장소에서는 큰 소리로 기도하지 않기로 약속했다. 다만 속으로, 조용히 더 강력하게 기도하기로 말이다.

얼마 있지 않아 40년 만에 찾아온 엄청난 돌풍이 다르항을 강타했다. 밤새도록 크고 매서운 바람이 휘몰아쳤다. 불상의 오른편에 있는 아파트 유리창이 다 깨져버리고, 불상 옆 대로의 대형 광고판과 기둥이 종이 찢기듯 찌그러져 옆으로 튕겨 나갔다. 도로변의 큰 나무들이 뽑혀 쓰러지고 난리가 났다.

가장 충격적이고 놀라운 일은 지금부터다! 그날 저녁, 돌풍은 그 큰 불상에 붙어있던 부처의 목을 쳐서 부러뜨렸다. 불상의 머리가 계단으로 떨어져버린 것이다. 할렐루야! 유치원 어린아이들이 대중버스를 타고 지나가면서 했던 담대한 선포를 하나님께서 들으셨다.

"불상은 무너질지어다!"

그 다음날 부랴부랴 관계자들이 와서 다시 머리를 이어 붙였지만, 부서진 상처자국이 고스란히 남아 있는 것을 보았다. 우리는 이 일을 보면서 하나님께서 특별히 이 땅을 사랑하신다는 확신을 얻었다. 바알에게 무릎 꿇지 않고, 입 맞추지 않은 칠천 명처럼 믿음의 사람들을 이곳 다르항에 많이 두셨다고 믿게 되었다.

> 그러나 내가 이스라엘 가운데에 칠천 명을 남기리니 다 바알에게 무릎을 꿇지 아니하고 다 바알에게 입맞추지 아니한 자니라 (왕상 19:18)

결국 엥흐바야르 대통령은 그의 위험한 꿈을 다 이루지 못하고, 2009년 임기를 마치게 된다. 그가 대통령직에서 물러나기 전, 칭기스칸 탄생 800주년을 맞이해 몽골을 빛낸 사람 800명에게 금장훈장을 주는 행사를 가졌다. 아이러니하게도 외국인도 여러 명 받았는데 나도 우리 단체를 대신해서 그 훈장을 받게 되었다.

돌아보니 그가 스스로 인정한 셈이다. 그가 믿었던 불상은 한낱 바람에도 무너지는 허상이었음을. 사람을 살리고, 나라를 빛낸 위대한 일은, 우리 하나님께서 하신 은혜였음을 말이다.

그라운드 제로(Ground Zero)

그라운드 제로 : 폭탄이 떨어지는 지점이라는 뜻,
1981년 6월에 결성된 미국의 반핵 운동 단체를 이르는 말.

'그라운드 제로'는 1946년 〈뉴욕타임즈〉가 1945년 8월에 있었던 히로시마 피폭지를 두고 처음 사용했다. 그 후 천재지변이나 핵폭탄 등으로 대재앙을 맞는 현장을 가리키는 말로 일컬어 지고 있다. 2001년 9월 11일, 뉴욕시의 초고층 건물이던 세계무역센터WTC가 테러공격을 받고 무너져 완전히 잿더미로 변한 사건을 기억할 것이다. 그 잿더미 현장을 '그라운드 제로Ground Zero'라고 부르면서 이 단어가 세상에 다시 알려지기 시작했다.

그런데 십 수 년이 지난 지금, 뉴욕에서는 '그라운드 제로'의 의미가 바뀌었다. 약 3천 명의 사망자와 6천 명 이상의 부상자를 내며 테러의 충격과 공포, 깊은 상처와 슬픔, 절망 등의 상징이던 그라운드 제로. 이제 그곳에 치유와 회복, 승리와 비상을 꿈꾸고 담아낸 아름다운 건축물들이 다시 세워지고 있다. 21세기 뉴욕을 상징하게 될 104

층짜리 초고층 세계무역센터와 추모공원, 기념 박물관 등과 함께 '그라운드 제로'는 다시 일어났다. 뉴욕시의 그라운드 제로는 더 이상 슬픔과 절망이 아니라 그것들을 이겨낸 용기와 희망, 소망, 새로운 시작이라는 의미로 바뀐 것이다.

사람들은 누구나 인생에 한번쯤은 '그라운드 제로'를 경험하곤 한다. 나의 '그라운드 제로'는 2011년 5월, 그때였다. 바로 몽골 정부로부터 '추방명령'을 받은 그때였다.

우리 부부는 몽골 울란바토르에서 처음 만나 그곳에서 결혼했다. 어린 시절을 몽골서 보낸 두 딸도 지금까지 몽골 향수병을 가지고 있을 만큼 몽골을 사랑한다. 한 번도 그 땅을 떠난다는 생각을 해보지 못한 우리에게 내려진 추방명령. 그 당시 받은 충격과 슬픔은 이루 말할 수 없었다. 3주 안에 몽골을 떠나라는 통지를 받고, 며칠간 이삿짐을 싸며 정든 몽골 친구들과 동료 선교사, 성도들과 마지막 시간을 나눴다.

몽골 땅은 우리에게 제 2의 고향이었다. 하나님의 은혜로 사역의 열매도 많았고, 현지인 제자들이 목회자가 되거나 선교사가 되어 하나님께 쓰임 받으며 하늘나라를 확장해가는 모습을 보는 것도 참 좋았다. 그런데 어느 날 갑자기 뜻하지 않게 이 모든 아름다운 것을 내려놓고 그 땅을 떠나와야 했다.

그럼에도 참 감사한 것은 추방되기 5개월 전, 부흥교회 연합회의 B목사와 YWAM 다르항의 T목사, 왕의 자녀 유치원의 N원장에게 공식적으로 이양했다는 것이다. 선교지에 있던 선교사가 어느 날 추방

명령을 받게 되면, 정해진 시간 안에 그 나라를 떠나야 한다. 시간이 얼마나 주어지는가에 따라 다르겠지만, 일반적으로 굉장히 짧은 시간이 주어진다. 선교사는 그 안에 모든 부동산과 권위를 이양해야 하는데 그 일이 결코 쉽지 않다. 간혹 몇몇 분이 그런 상황을 만나 변호사에게 위임장을 전하고 현지를 떠나는 경우를 보았는데 아주 힘들어 했다.

우리는 하나님의 은혜로 몽골 사역이 무르익어갈 황금기 때, 현지인 제자 목회자들에게 이양을 했다. 2010년 안식년을 마치고 돌아온 나는 교육 선교라는 새로운 사역을 맡았고, 그동안 잘 진행되어온 교회들과 선교 베이스를 현지인 지도자에게 이양한 것이다.

사역 이양식은 우리 단체뿐 아니라 다른 단체 선교사들과 현지 목회자들을 초청해서 공식적으로 진행되었다. 왜냐하면 선교사와 현지인 지도자가 함께 모여 이양을 통해서 어떻게 토착교회 Indigenous Church를 제대로 잘 세울 것인지, 함께 생각하고 고민하는 시간을 갖고 싶었기 때문이다. 사역 이양식은 사역과 관련된 모든 부동산과 권위까지 현지인에게 다 이양하는 매우 중요한 시간이었다.

19세기 중국에서 40년간 사역한 미국 선교사 '존 네비우스 John L. Nevius'라는 사람이 있다. 그는 한 문화권에서 실제적으로 변화를 일으키는 사람들은 현지인이어야 함을 강조하고, 선교 전략의 하나로 토착화를 위한 3자 원리(자전, 자립, 자치)를 만들었다. 현지인이 자기민족에게 복음을 전하도록 하는 '자전(自傳) self-propagating, 지교회 성도들이 스스로 예배당을 마련하고, 목회자의 생활비와 교회 운영을 책임지도록 하는 '자립(自立)' self-supporting, 그리고 지교회에서 뽑은 현지인 지도자들이 교회를 이끌어가는 '자치(自治)' self-governing를 말한다. 사역 이양식에서 이를 강조하며, 앞으로 서로 돕고 협력하도록 현지인 리더들을 격려하고 축복했다.

"그동안 선교사인 제가 책임자로 너무 오래 있어서 죄송합니다. 용서를 구합니다. 성경에 나오는 지도자들을 보면 대체로 짧은 시간 안에 제자들과 현지인에게 지도력을 이양했습니다. 예수님은 3년 만에 제자들에게 이 세상을 맡기셨고, 사도 바울은 가는 곳마다 최소 1년 6개월에서 2년 정도 머물면서 성경을 가르친 후 현지인 지도자에게 이양했습니다. 그런데 저는 울란바토르에서 다르항으로 옮겨온 이후 오랫동안 지도자의 자리를 떠나지 못했습니다. 그러나 앞으로는 우리 현지인 사역자들이 책임자로서 모든 사역을 섬길 것입니다. 저는 교육 선교의 한 부분을 맡아 유치원부터 대학까지 세우는 일에 힘쓰겠습니다."

이렇게 이양식을 마치고 한쪽 편에 서서 차를 마시고 있는데 당시 다르항 목회자 연합회 총회장이 내게 와 손을 잡으며 말했다.

"박 선교사님, 우리 현지인들을 믿어주셔서 감사합니다."

"아니 무슨 말씀이세요, 현지인을 믿지 않고 사역하는 선교사가 어디 있습니까?"

당연하다는 듯이 태연하게 답했지만, 고민이 전혀 없었던 것은 아니다. 실제 이양을 했더니 현지인 지도자가 교회건물 등을 파는 사례도 있었던 터라 내 결정이 시기상조는 아닌지 불안한 마음이 있기도

했다. 하지만 언제부턴가 이런 마음이 들었다.

'그래. 만약 우리 제자들이 다른 마음을 먹고 건물을 팔아먹으면 그들과 가족들이 오랫동안 편안하게 살 수 있을 거야. 사실 그동안 나를 따라 다니며 얼마나 수고하고 땀과 눈물을 흘렸는데…. 만약 팔아먹더라도 다 내 동생들이니 그냥 눈감아 주자.'

그러나 그런 일이 결코 생기지 않도록 주께서 늘 그들을 도우시고 선한 길로 인도하시길 바라며 기도하고 있다.

이양한 지 7년이 지난 지금, 몽골은 경제위기에 처해 국제통화기금IMF의 구제 금융을 받고 있는 상황이다. 우리 사역자들 역시 재정적으로 매우 어려운 건 마찬가지다. 하지만 다른 마음먹지 않고 하나님만 의지하며 그분의 얼굴을 구하고 주어진 사역을 잘 감당하고 있다. 아니 오히려 내가 있을 때보다도 사역이 확장되고 성장하는 모습을 보게 되니 그들이 그저 대견하고 고맙다. 그들과 함께 하시고, 모든 길을 좋게 인도하시고, 합력해서 선을 이루시는 하나님께 감사드릴 뿐이다.

예수님은 제자들이 당신을 배신할 줄 알면서도 그들을 내치시기는 커녕 그들의 실수를 덮으시고 눈감아 주셨다. 아시면서도 일부러 속아주셨다. 선교지에서 현지인을 제자로, 지도자로 훈련시키다보면, 그들 역시 잘못하고 실수하는 일들이 허다하다. 그러나 때로는 속아주고, 덮어주며 안아주는 미덕이 우리에게 필요하다.

사역 이양식은 우리가 3차 선교를 시작할 때 진행되었다. 본격적으로 교육 선교를 할 계획으로 교육 비자를 받고 몽골에 들어간 상황이었다. 유치원을 더 확장하고 앞으로 초등학교, 중·고등학교, 대학까지 건물을 지으며 교육 선교에 박차를 가할 때였다.

그동안 하나님의 은혜로 우리 유치원이 모범 유치원으로 선정되고, 유치원을 졸업한 아이들이 계속 건강하게 잘 성장하는 모습을 본 학부모들이 유치원 다음의 후속 학교도 세워달라는 요청을 자주 해왔다. 나 또한 그 과정 속에서 교육 선교의 필요성을 더욱 깨닫게 되었다. 기독교 세계관과 하나님의 사랑으로 교육받은 아이들이 사회에서 선한 영향력을 끼치며 살게 하는 일이 얼마나 중요한 것인지 알았기 때문이다.

다르항시는 왕의 자녀 유치원의 성과를 보면서 '종합교육센터 Education Complex Center'를 우리 다르항 YWAM에게 맡겼다. 종합교육센터는 유치원, 초등학교, 중·고등학교 2개, 대학교, 기술학교를 세우는 예산 약 200억 규모의 큰 프로젝트였다. 시에서 학교를 세울 땅은 우리가 원하는 곳에 울타리를 쳐서 필요한 대로 사용해도 좋다는 허락까지 해줄 정도였다.

나는 K선교사와 리더들에게 이 사실을 나누고 함께 기도했다. 그리고 우리 집 골방기도실에 들어가 하나님께 여쭈었다.

"하나님, 다르항시에서 우리가 원하는 땅을 주겠다고 하는데 어느 땅을 얼마만큼 해야죠?"

하나님께서는 민수기 13장을 보여주셨다. 거기에는 모세가 가나안땅을 정복하기 위해 열두 명의 정탐꾼을 가나안 땅으로 보내며 특별한 전략들을 주는 장면이 나온다.

모세가 가나안 땅을 정탐하러 그들을 보내며 이르되 너희는 네겝 길로 행하여 산지로 올라가서 그 땅이 어떠한지 정탐하라 곧 그 땅 거민이 강한지 약한지 많은지 적은지와 그들이 사는 땅이 좋은지 나쁜지와 사는 성읍이 진영인지 산성인지와 토지가 비옥한지 메마른지 나무가 있는지 없는지를 탐지하라 담대하라 또 그 땅의 실과를 가져오라 하니 그 때는 포도가 처음 익을 즈음이었더라 (민 13:17-20)

말씀대로 먼저 다르항시에서 제일 높은 산에 올라갔다. 그다지 높은 곳은 아니었지만 올라가 보니 시청과 도청 옆쪽으로 다르항 종합병원과 간호대학이 있었는데, 바로 그 뒤의 넓은 땅이 선명하게 눈에 들어왔다. 그래서 우리 간사들과 함께 가서 곳곳에 말뚝을 박았다. 나중에 땅의 평수를 계산하니 104,500평이었다. 왕의 자녀 유치원 원장이던 K선교사와 나는 그 땅 사진을 찍어 도지사와 시장에게 가져갔다.

"안돼요, 미스터Mr. 박, 이 땅은 비싼 땅이라 돈을 내야합니다."

그들은 난색을 표했다. 하지만 나는 하나님의 응답을 받은 터였다.

"그럼 우리도 이 프로젝트를 하지 않겠습니다. 동남아시아에서는 정부로부터 땅을 무상으로 받아 학교를 세우고 운영하다가 나중에는 그 나라에 이양합니다. 정부는 그 학교를 이어받아 수준 높은 학교로 세워나가는데, 몽골은 그렇게 할 생각이 없으신가요?"

며칠 있다가 연락이 왔다. 시정부에서 우리가 말뚝 박은 땅에 종합학교를 세울 수 있도록 허락해 준다는 것이다. 하나님은 이 시기에 맞추어 미국의 후원자들을 연결시켜 주셨고, 약 2억 6천만 원으로 둘

레가 3km나 되는 울타리를 치게 되었다. 11억 정도를 들여서 700명의 원아를 수용할 수 있는 유치원을 내부 공사만 남기고 건축했다.

그런데 그로부터 2년간 수도, 전기, 난방 등의 내부공사는 손도 못 댄 채 공사가 전면 중단되었다. 이유는 교육 선교 건축비의 사용처를 놓고 후원을 해준 미국 T교회와 정부의 관계가 틀어졌기 때문이다.

공사가 중단 되니 민주당과 시민들은 시정부에 압력을 가했다.

"당신들, 종교단체에 금싸라기 땅을 무상으로 주고 미스터 박에게 뇌물을 받은 것 아닙니까? 왜 공사가 계속되지 않는 겁니까?"

정부에서는 공사가 2년 넘게 진행되지 않은 이유를 모두 나에게 떠넘기기로 작정한 것 같았다. 이런 시기에 2011년 4월, YWAM 다르항에서 개척한 모든 교회들을 초청해 다르항 세르궁만달 교회에서 함께 부활절 예배를 드렸다. 내가 설교를 하고 세례식, 성찬식을 인도했다. 그 당시 몽골은 종교법이 강화되어 비자 목적 외 종교 활동을 하는 선교사들을 색출하고 있었는데 바로 그때 내가 걸린 것이다. 사실 교육 비자로 바꾸고 들어온 후로는 한동안 공개적인 종교 활동을 자제하고 있었다. 그러다가 오랜 만에 부활절을 맞아 설교를 한 번 한 것이 그대로 보고가 된 것이다.

하루는 현지 도지사가 나를 도청 사무실로 불렀다.

"미스터 박, 5년만 밖에 있다가 오세요. 미안하게 되었습니다."

이 말을 전하며 그는 나를 꼭 안아주었다. 다르항에서 사역할 때 G도지사는 내게 친형님과 같은 분이었다. 다르항 시민을 위해 좋은 일 한다며 여러 모로 힘을 주신 분이다. 그러나 그도 정치인으로서 어쩔 수 없는 결정을 할 수 밖에 없었다. 그의 마음을 누구보다 충분히 이해했다. 그리고…. 우리는 몽골을 떠났다.

출국 비행기를 탈 때까지 아내는 울고 또 울었다. 몽골을 떠나와서도 한동안 나와 아내는 눈물이 마를 날이 없었다. 몽골을 생각만 해도, 몽골 이야기만 나와도, 몽골 사진만 봐도 하염없이 눈물이 흘러내렸다. 추방으로 인한 상실감과 실패감, 좌절감이 나를 찾아왔고, 그것들은 우울증으로 연결되어 아주 힘든 시기를 보내야 했다. 파산한 사업가가 느끼는 절망감이 그렇지 않았을까 싶다.

당시 필리핀의 선교사 자녀학교를 다니던 고등학교 1학년 큰딸을 데리고 미국으로 갔다. 딸아이는 나에게 원망과 안타까움을 섞어 말했다.

"아빠! 무슨 일을 어떻게 하셨길래…. 휴…."

나는 아무 말도 할 수 없었다. 사실 큰딸 예진이는 우리 부부가 안식년 때 공부하느라 보내진 유치원을 시작해서 미국, 몽골 울란바토르와 다르항, 필리핀을 거쳐 다시 미국으로, 고등학교를 졸업할 때까지 학교를 총 11곳이나 옮겨 다녀야만 했다. 그러다보니 한 장소에서 친구를 오랫동안 사귀지 못해 친구가 많이 없다. 정이 들 만하면 아빠 엄마를 따라 떠나는 일이 반복되다 보니 딸에게도 만남과 이별에 대한 아픔이 생겼던 것이다. 게다가 예진이는 그 해 여름방학 때 그리웠던 몽골, 아빠 엄마와 동생이 있는 몽골 방문을 기대하고 있던 차였다.

미국에 도착한 지 얼마 되지 않아 두 딸이 우리에게 와서 말했다.

"아빠 엄마, 우리 이제 고등학교는 한 곳에서 졸업해도 돼요?"
딸들은 눈물을 글썽이면서 계속 말을 이어갔다.
"우리는 아빠 엄마가 선교사인 것이 참 자랑스러워요, 그리고 우리가 선교사 자녀인 것도 너무 좋아요. 그런데 아파요, 아픈 것은 아픈 거잖아요."

아이들은 하나님의 은혜로 신앙 안에서 잘 자라주어 선교사인 부모의 비전과 사명을 이해하고, 누구보다 우리 부부의 든든한 후원자였다. 하지만 선교사 자녀로서 그간 정들었던 곳, 정든 친구들과 자주 헤어지며 자신들이 받은 상처는 그대로 차곡차곡 쌓인 것이다.

아이들이 눈물로 아픈 마음을 나눌 때 아내와 나도 함께 울었다. 나는 부모의 마음을 내세워 하나님께 기도했다.

"하나님 아버지, 이제 아이들이 고등학교를 졸업하고 대학갈 때까지 제게 이곳, 저곳으로 가라고 말씀하지 말아주세요, 부탁드립니다."

그리고 내 귀를 막아 버렸다. 그런데 내가 정말 못들은 것인지, 안 들은 것인지, 하나님이 말씀을 안 하신건지 아이들이 고등학교를 졸업할 때까지 별말씀 없으신 것 같았다. 중3, 고2인 아이들은 미국 공립학교에 조금씩 잘 적응해 가고 있었고, 우리 부부는 기약 없는 미국 생활을 하며 하나님의 뜻을 구하는 중에 있었다.

그러던 중 여느 날과 마찬가지로 아침에 아이들을 학교에 데려다 주던 중이었다. 갑자기 나도 모르게 눈물이 주르륵 흘러 내렸다.

사실 그 당시 나는 깊은 우울증을 앓고 있었다. 급작스럽게 몽골에서 쫓겨 나와 어떻게 다시 일어나야 할지 앞이 보이지 않았다. 자살

사이트를 찾아다닐 정도로 깊은 절망감과 실패감에 사로잡혀 있었다. 그렇다고 자살 시도는 할 수 없었다. 잠도 오지 않는 긴 밤에 억지로 잠자리에 드니 밀려드는 생각은 이뿐이었다.

'차라리 내일 아침에 눈을 뜰 때 내가 천국에 있었으면 좋겠다….'

그 상처가 눈물로 터져버린 걸까. 그날 아이들 등교길 아침 하염없이 뜨거운 눈물이 흘렀다.

그런데 차문을 열고 교실로 들어가야 할 딸들이 내리지 않았다. 조용히 내 어깨에 손을 얹더니 몇 분간 아무 말 없이 무언의 위로를 건네주었다. 그날 오전 내내 얼마나 울었는지 모른다.

불현듯 엘리야 선지자가 떠올랐다. 그의 인생의 성공과 파산이 생각났다.

엘리야는 구약성경에서 매우 중요한 인물이다. 용기와 깊은 신앙을 겸비한 자로 인생을 통해 하나님이 살아계심을 실제적으로 드러냈다. 당시 우상숭배에 심취한 이스라엘의 아합 왕과 이세벨 왕비 같은 강력한 적들에게 정면으로 맞서면서 말이다.

가장 유명한 사건은 갈멜 산에서 바알의 선지자들과 대결한 일이다. 그는 갈멜 산에서 제단을 정결케 하고 하나님께 기도를 했다. 그랬더니 하늘에서 불이 내려와 제물을 다 태워버린다. 이 사건을 통해 엘리야는 여호와야 말로 참 하나님이심을 밝히 보인다. 그 후, 3년 6개월 만에 가뭄으로 말랐던 땅에 단비를 내리게 했고, 바알과 아세라를 섬겼던 거짓 선지자들과의 경합에서 승리도 했다. 850대 1의 대결이었다. 결국 엘리야가 바알과 아세라의 선지자들을 죽였다는 소식에 아합 왕의 아내 이세벨은 진노했고, 엘리야를 잡아 죽이라는 명령을 내리게 된다.

이 소식을 들은 엘리야는 이세벨을 피해서 광야로 도망친다. 엘리야는 하늘에서 불과 비를 내리게 한 기도의 사람, 믿음의 사람이다. 그런 엘리야가 어떻게, 자기 생명을 보호하고자 도망을 쳤던 것일까? 하나님께서는 엘리야를 악한 왕 아합으로부터 그릿 시냇가에 숨기시고, 까마귀를 통해 떡과 고기를 공급하셨다. 그리고 사르밧 과부의 죽은 아들을 살리시며 당신이 살아계심을 보여주셨다. 엘리야가 그런 하나님을 계속하여 의지하고 믿었다면, 어찌 죽음을 두려워하며 도망치는 나약한 모습을 보였겠는가?

하지만 엘리야는 도망쳤다. 하나님이 엘리야를 통해 보여주신 이적과 기적을 보고도 하나님을 따르지 않는 이스라엘 백성들을 보고 실망해서였는지, 아니면 하나님의 능력에 의지해서 해오던 사역에 너무 지치고 힘들어서였는지…. 어쨌든 그는 쓰러진다. 그리고 로뎀나무 밑에서 차라리 죽기를 간구한다.

"여호와여 넉넉하오니 지금 내 생명을 거두시옵소서."

그는 지독히 외로웠다. 더 이상 하나님의 용사가 아니었다. 로뎀나무 아래에서의 '우선멈춤', 기다림의 시간은 그에게는 고통이었다. 그러나 두려움과 실의에 빠져 있던 엘리야에게 하나님은 그 기다림의 시간 동안 다시 사랑과 은혜를 주시고 힘을 공급해 주신다. 우선멈춤을 새로운 길로 연결해 주신다.

지쳐 있던 엘리야는 하나님께서 공급하시는 숯불에 구운 떡과 물을 먹고, 사십여 일을 걸어 호렙 산에 이른다. 그리고 동굴에 들어가 지낼 때 특별한 하나님의 음성을 듣게 된다. 예전에 경험하지 못했던 조용하고 세미한 음성의 하나님을 만나게 된 것이다.

엘리야가 예전에 만났던 하나님은 크고 강한 바람 가운데 나타나신 분이셨다. 또한 큰 바람 후에 지진이 일어나면서 나타났던 주님이셨다. 그리고 지진 후에 불 가운데 나타나신 전능하신 하나님이셨다. 그런데 그 날은 그렇지 않으셨다. 그 날의 하나님은 '세미한 소리'로 나타나셨다(왕상 19장 참고).

이 대목에서 큰 위로를 받았다. 엘리야가 하나님의 명령에 순종해 열정적으로 사역하던 것을 잠시 뒤로하고 하나님과 '친밀한 교제'를 하는 장면을 보게 된 것이다. 엘리야는 어쩌면 하나님과의 관계보다 하나님 나라를 위한 사역을 우선적으로 했는지 모르겠다. 그는 이적과 기적을 일으키는 것을 주님과의 친밀한 교제보다 더 중요하게 여겼는지도 모르겠다. 하나님의 나라 사역도 중요하다. 그러나 그것보다 더 중요하고 우선되어야 할 것이 하나님과의 친밀한 관계이다.

나도 엘리야처럼 '우선멈춤'이라는 로뎀나무 아래에 머물러야겠다고 다짐했다. 가장 힘들고 고통스러웠던 시기에 나의 로뎀나무가 되어 주신 분은 하나님이셨다. 그리고 든든한 버팀목이 되어줬던 아내가 있었다. 추방 이후에 나를 기다려 주고, 참아주고, 믿어주고, 기도해준 아내였다.

나는 그간 안식년 때마다 YWAM 열방대학에서 가정 사역, 가정 치료, 중독자 행동 상담 등을 공부했고, 몽골에서도 가정 사역을 해왔다. 때문에 내가 앓고 있는 '우울증'을 어떻게 치료해야 하는지 알고 있었다.

내 경우에는 우울증을 완화시키고 회복시키는 방법이 사람들을 많이 만나고 빛 가운데로 자주 들어가는 것이었다. 어둠 속에 숨어 피하지 않고, 부끄럽지만 나를 노출시켰다. 내가 얼마나 아픈지를 나누었다. 추방되어 미국에 가는 날부터 그동안 후원해주신 교회에서 우리를 초청해서 선교보고와 말씀을 전하게 했다. 그리고 많은 분이 개인적으로 만나자는 연락을 주셨다. 그때마다 피하지 않고 빠짐없이 나갔다. 감사하게도 그분들은 나와 함께 아파해주시고, 함께 울어주셨다. 한날 B교회의 초청을 받아 선교보고를 하면서 내 상황을 나누었다.

"성도 여러분! 우리가 너무 아픕니다. 너무 힘듭니다. 혹시 파산당해 본 경험이 있으신지요? 저 역시 선교사로서 파산했습니다. 때로는 자살 사이트에 들어가서 자살하는 사람들의 심경은 어떤가를 보기도 했습니다. 물론 자살을 시도하려는 의도를 가지고 본 것은 아니었습니다. 그런데 놀라운 것은 자살을 결심한 사람들이 남긴 글을 보니 자살하는 이유 10가지가 저랑 거의 비슷하더군요. 그러나 그들은 이 세상에 없고, 저는 이 세상에 여전히 살아남아 있습니다. 제가 살아있는 이유가 있다면 그것은 제 마음속에 주님이 계시고 말씀이 계시기 때문입니다."

설교시간 내내 예배실 왼쪽 편 벽 쪽에 앉아 깊은 슬픔에 잠겨 울고 있던 한 집사가 눈에 띄었다. 예배를 마치고 그가 찾아 왔다.

"선교사님, 사실 저는 내일 자살하려는 계획을 갖고 오늘 마지막 예배에 참석했습니다. 지난주에 파산신청을 했는데 거의 800만 불(90억) 정도가 날아갔습니다. 그래서 죽으려고 결정했습니다. 그런데 선교사님 말씀 듣고 다시 살아야겠다고 다짐했습니다."

"집사님 왜 죽어요? 우리 안에 예수님이 살아계시고 말씀이 있습니다. 우리에게는 삶의 목적이 있습니다. 우리 힘내서, 다시 굳세게 살아서 하나님께 영광을 돌립시다."

그 후 소식을 들으니 그분은 한인타운에서 식당을 시작했다고 한다. 내가 가졌던 병, 우울증이 한 영혼을 살린 것이다.

추방명령을 받은 그 시기가 내 인생의 '그라운드 제로'였음은 여전히 분명하다. 지독한 우울과 극도의 상실감으로 내 밑바닥을 처절히 경험했고, 당시에 나는 어떤 방법으로도 다시 일어설 수 없을 것만 같았다.

그러나 우리의 '그라운드 제로'는 하나님께는 또 다른 시작이요, 새 역사의 출발점이다. 나를 완전히 비우고, 하나님의 새 역사를 기다리는 우선멈춤의 시간이 바로 믿는 자의 '그라운드 제로'이다.

이제 나는 '추방명령'을 이렇게 바꿔 선포한다.

'하나님의 인도하심!', '새 역사의 시작!'

Stop Sign

다섯 번째
쉼표

하나님의 눈길이
머무는 곳

때 밀어드릴게요

"한 푼만 줍쇼!", "한 푼만 줍쇼!"
신학생 시절, 학교 정문 앞을 지날 때마다 듣던 소리이다. 신학교 정문 곁에 앉아있던 거지 아저씨는 늘 힘없고 나지막한 목소리로 학생들에게 구걸했다. 몇몇 사람들은 긍휼한 마음으로 적은 돈이나마 주고 가기도 한다. 그러나 대다수 신학생은 그 거지 아저씨를 그냥 지나친다. 사실 신학생 시절 대부분의 학생은 차비와 식비가 가진 돈의 전부이다. 재정이 그리 넉넉지 않아서 줄 수 없는 처지인 것이다.

그러나 나는 다를 거라고 생각했다. 나 스스로 제법 사랑이 많고, 믿음이 좋은 그리스도인이라고 확신했다. 신학교와 선교단체에서 훈련도 받았고, 다른 사람에게 해를 끼치거나 속칭, 불량조직에 가담하지도 않았다. 착한 사람들과만 어울렸으니 나 또한 착한 신앙인이라 생각했다. 많은 사람이 나를 좋아한다고 믿었고, 실제로 교회에 가면 중·고등부 학생도 많이 따랐다. 성도들이 칭찬하는 말에 나는 사랑의 은사가 조금, 아니 상당히 있는 양 착각을 하게 되었다. 이렇게 조금씩 내 마음속에서 자만심이 싹트고 있을 무렵, 하나님은 나를 시험하기로 하셨던 것 같다.

어느 날, 하나님은 평소 무심히 지나쳐 버렸던 신학교 정문 곁의 걸인에게 눈길을 멈추게 하셨다. 그리고 물으셨다.

"해영아, 하루 종일 나와 함께 시간을 보낼 수 있겠니?"

"누구요?"

"나! 바로 네 앞에 있는 걸인."

"아니 이분이 당신이시라고요?"

분명히 음성은 하나님이신데…. 눈 앞에 펼쳐진 믿기지 않는 광경에 입이 떡 벌어졌다. 대부분의 사람이 꺼리는 그와 함께 목욕을 하고, 식사하고, 교제하며 내가 가지고 있는 옷과 돈을 그에게 조건 없이 나눌 수 있는지를, 하나님은 내게 묻고 계셨다.

나는 잠시 생각에 잠겼다.

'내가 앞으로 선교사가 되려면, 이 걸인과 하루 정도는 함께 먹고 자고 지낼 수 있어야 하지 않나. 주님은 나를 위해 죽기까지 섬기셨는데 그 정도야 할 수 있지 않을까?'

이런 생각으로 결의가 솟구쳐 올라왔다. 선한 사마리아인이 강도를 만나 다 죽어가는 나그네를 치료해주며 함께 해주었던 것처럼 주님은 내게 도전을 주신 것이다.

그러나 그것은 결코 쉬운 일이 아니었다. 결연한 의지를 품고도 섭게 할 수 있는 일이 아니었다. 어려움을 당한 사람을 보고도 그냥 지나가 버린 레위인이나 제사장의 마음이 이해되었다. 그들도 아마 갈등이 많았을 것이다.

그날 하나님께선 내게 '사랑의 실천'을 할 기회를 주셨지만, 나는 주머니에 있는 천 원짜리 한 장과 백 원짜리 몇 개를 그 걸인에게 던져 주고는 도망치듯 강의실로 향했다. 그런데 하나님께서 자꾸만 내 마음 문을 노크하셨다.

"해영, 네 안에 정말 사랑이 있단 말이지? 그럼 저 걸인에게 사랑을 실천해보렴."

다정한 주님의 음성은 수업을 마칠 때까지 내 귓가에서 계속됐다. 결국 나는 내 안에 있는 사랑을 확인하기로 했다. 어느덧 나의 발길은 그 아저씨 앞에서 멈추었다. 내 얼굴 앞에 크고 더러운 손이 놓여 있었다.

"한 푼만 줍쇼!"

언제나 같은 말만 되풀이하는 아저씨, 정말 목불인견(目不忍見)이다. 어떤 유행가의 가사처럼 '가까이하기엔 너무 먼 당신'이었다. 누더기에 목과 얼굴은 몇 달간 씻지 않았는지 까맣게 땟국이 흘렀고, 더덕더덕 붙어 있었다. 머리카락은 겨우 모자 속에 감춰져 있었다. 손톱은 까만 매니큐어를 바른 듯 때가 가득했고, 여름 날씨라 그런지 몸에서는 하수구 냄새가 코를 찔렀다. 옷을 얼마나 많이 껴입었는지 몸은 날씬한데 외형은 굉장히 건장해 보였다.

'주님! 저에게 용기를 주십시오.'

기도하며 조심스럽게 다가갔다. 용기를 내서 말을 건넸다.

"저…. 아저씨! 오늘 저와 함께 시간을 보낼 수 있겠습니까?"

그 노숙자 아저씨는 갑작스러운 제안에 몸을 움츠리며 겁에 질린 듯 대답했다.

"왜, 왜…. 그러십니까? 저는 죄짓지 않았습니다."

"그, 그게 아니라 저는 예수 믿는 사람이고 이 신학교 학생입니다. 그런데 하나님이 제게 아저씨와 함께 식사도 하고, 목욕도 하고, 같이 교제하라는 마음을 주셨답니다. 이상하게 들리시겠지만 오늘 하루는 저와 함께 시간을 보내주시면 감사하겠습니다."

그 아저씨는 한참 동안 나를 응시했다. 그러더니 이내 나의 본심을 알아차렸는지 나를 따라왔다.

그런데 그와 함께 지하철을 탈 때부터 일은 벌어졌다. 여름철이라 온갖 악취가 뭇사람의 코를 찌른 것이다. 정말 아찔한 시간이었다. 집에 가려면 아직 한참 남았고, 지하철에서 내리면 또 버스로 갈아타야 한다. 그 짧은 지하철 안에서의 시간이 마치 천년, 만년 같았다. 급기야 걸인과 나를 번갈아 바라보던 사람들은 코를 막고 다른 칸으로 이동하기 시작했다.

"아니 지하철 직원은 뭐 하는 거야! 이런 거지를 태우면 어떡해!"

언성을 높이는 사람들 사이에서 나는 시선 둘 곳을 잃었다. 하지만 이내 아저씨와 친한 척 애를 썼다. 그 걸인 아저씨와 팔짱까지 끼며 태연한 모습을 보이기도 했다.

'주님의 사랑으로 이 걸인과 함께해야 한다.'

얄팍한 신앙의 고집이었다. 사실 아저씨와 함께 하는 순간부터 나는 계속 코로 숨을 쉬지 않고 있었다. 그때부터 나의 마음에 불안함과 수치심, 창피함이 맴돌기 시작했다.

'역시 난 사랑이 없었단 말인가? 내가 하고 있었던 사랑은 어떤 사랑이었단 말인가?'

지하철에서 내려 버스를 탔을 때는 더 가관이었다. 비좁은 차 안에서 사람들은 내게 원망의 눈초리로 곁눈질해댔고, 결국 대부분의 사람은 내리고 말았다. 설상가상으로 버스에서 내려 동네에 들어서니 나와 친분이 있는 동네 사람들이 힐끔힐끔 쳐다보며 수군거리는 게 아닌가.

"그동안 멀쩡한 청년인 줄 알았는데 걸인과 함께 다니네."

"저 사람도 약간 이상한 것 같아…."

"어이쿠 냄새야."

내 마음은 몹시 어지러웠다.

'이것이 사랑을 실천할 때 오는 느낌인가?'

초조하고 불안한 마음을 누르기 위해 더 오만한 모양으로 억지 걸음을 걷기 시작했다.

'나는 걸인조차 사랑할 수 있는 사람이다.'

잔뜩 어깨에 힘을 주고, 마치 자랑하고 뻐기듯 동네 어귀를 걷기 시작했다.

'해영아, 정말 네 안에 예수님의 사랑이 있니?'

'혹시 사랑을 빙자한 위선자 아니니?'

'아니야, 나는 정말 주의 사랑을 실천하는 사람이야.'

보이지 않는 내면에서 치열한 전쟁이 벌어지고 있었다.

드디어 우리 집에 도착했다. 내가 살던 곳은 '사랑의 공동체'라고 불리는 아름다운 곳이다. 서로 성장 배경과 신앙의 색깔이 비슷하고, 교육 정도와 사고방식이 비슷한 사역자가 모인 곳이다. 교회의 청년들과 중·고등부 학생이 와서 성령을 체험하며, 내면의 상처를 치유받고 회복되어 가는 곳이기도 했다. 그래서 우리 집 열쇠는 모두가 알 수 있는 곳에 있었다. 누구나 들어와서 쉬거나 먹을 수 있도록 문을 열어놓고 있었다.

단, 조건이 있었다. 우리와 신앙의 색깔이 다른 사람, 서로를 이해하지 못하는 사람, 그리고 걸인까지…. 그들을 제외하고는 다 들어올 수 있었다. 이것이 사랑의 종교를 믿고 있는 나만의 사랑법이었다.

공동체 집 문 앞에 들어서는 순간, 아차 했다. 열쇠를 문틀 위 공개된 곳에 두었기 때문이다.

'혹시 이 걸인이 나중에 우리 집에 다시 와서 모든 것을 다 들고 가면 어떡하지'

1~2분 정도 문 앞에서 우두커니 서 있었는데 마치 1시간이 지나가는 듯 너무 길었다. 그때 내 마음 깊은 곳에서 한탄이 나왔다.

'그래. 역시 나는 사랑이 없구나….'

하지만 하나님은 나를 재촉하셨다.

"뭐하니. 어서 열쇠를 꺼내 문 열어야지! 거저 받았으니 거저 줘라, 해영아!"

순종하는 마음으로 열쇠를 꺼내 문을 열고 방으로 들어갔다. 비록 입던 옷이지만 그 걸인 아저씨에게 옷을 주고 갈아입게 했다. 그리고는 바로 목욕탕으로 향했다. 목욕탕 주인은 우리를 보자마자 기겁을 했다.

"어허, 어디서 오셨습니까? 저희 목욕탕은 거지는 안 받습니다!"

"아저씨, 사람 차별하세요? 이분 우리 큰형님입니다."

주인에게 억지 부탁을 드려 목욕탕에 들어가 먼저 몸을 씻고 탕에 들어가서 이런저런 이야기를 하며 서로를 알아갔다. 잠시 후 탕에서 나와 걸인 아저씨에게 말을 건넸다.

"아저씨, 때 밀어드릴게요."

아저씨는 민망한 듯 말을 아끼셨다.

"아, 아니…. 괜찮은데…. 때가 많이 나올 겁니다…."

망설임 없이 바로 아저씨 등을 밀기 시작했다. 정말 때가 많이 나왔다. 아저씨가 부끄러워할까봐 빨리 바가지로 물을 퍼서 때를 내려보냈다.

그다음 나의 차례가 되었다. 그 짧은 순간 어느 때보다 간절하게 하나님께 기도했다.

'하나님, 제발 저도 때가 많이 나오게 해주세요.'

아저씨가 내 등을 밀기 시작했는데 우려했던 것과는 달리 때가 우수수 떨어지기 시작했다. 얼마나 감사한지 몰랐다. 때가 많이 나와서 감사하다고 생각한 것은 그때가 처음이다.

목욕을 마치고 함께 식사한 후 집으로 들어가 가지고 있던 옷가지들을 더 주고, 비상금으로 숨겨놓은 5천 원을 아저씨에게 드린 후 작별 인사를 했다.

그날 밤 나는 하염없이 울었다.

"나는 사랑이 없어, 정말 사랑이 없는 사람이야…."

"이런 내가 선교사로 간다고? 그건 있을 수 없는 일이지, 암…."

"나는 같은 생각을 가지고 같은 색깔, 같은 냄새 나는 사람들만 사랑했구나. 나는 위선자야…."

그렇게 사랑이 부족하고 나약했던 내가 어느덧 선교사가 되어 몽골에서 사역을 했다. 생각해보니 학교 앞에서 만났던 그 걸인 아저씨에게 행했던 순종은 결국 하나님이 내게 허락하신 소명의 맛보기였다.

나는 여전히 복음을 전하며, 가난하고 소외된 사람들을 구제하는 일을 하고 있다. 몽골의 영하 20~30도의 추운 겨울에 하루 한 끼도 먹지 못하는 사람들을 위해 다르항 교회의 밥퍼 사역도 계속되고 있다. 이 소외된 자들이 예수님의 사랑을 느끼고, 예수를 믿고 세례를 받아 교회 지도자가 되는 일은 오늘도 계속되고 있다. 우리는 그저 가라 하면 가고, 주라 하면 주면 된다. 그다음의 일은 하나님께서 하실 것이다. 그분의 역사는 오늘도 그렇게 계속되고 있다.

빵보다 사랑

몽골은 수개월 동안 쌓여 있었던 눈이 녹기 시작하면 대지 위로 아지랑이가 올라온다. 손에 잡힐 듯 한 뭉게구름이 산 너머로 흘러가고, 바람들이 양 떼를 몰고 간다. 양 떼들은 구름을 따라 저마다 울음소리를 내며 예쁜 구름의 꽁무니를 쫓아간다. 그곳에는 푸른 초장이 양 떼들을 기다리고 있다. 시냇물은 졸졸졸 흘러 땅과 나무에 생명을 공급한다. 이렇게 몽골의 봄이 시작되면 바로 여름이 쏜살같이 빨리 왔다가 안개처럼 사라진다. 짧은 여름이지만 모두 기다리는 계절이기도 하다. 하지만 여름을 완전히 즐기기도 전에 가을은 바쁘게 자기의 때를 기다렸다는 듯이 파란 나뭇잎들을 노랗게 물들이기 시작한다. 겨울이 왔다는 증거이다.

몽골 겨울은 평균 영하 20~30도의 추위로 도시와 시골을 냉동고로 만들어 버린다. 2010년에는 시골 기온이 영하 50도까지 내려가서 양, 소, 말 등 가축 300만 마리가 얼어 죽었다. 그리고 그다음 해 봄에는 그 사체가 녹아 전염병으로 800만 마리 이상의 생명을 앗아갔다. 몽골의 겨울은 정말 혹독하다.

이런 겨울을 더 춥고 배고프게 겨우겨우 지내는 예쁜 아이들이 있다. 바로 왕의 자녀 유치원의 아이들이다. 유치원에는 하루에 한 끼도 제대로 먹지 못하는 가정에서 자라는 아이들이 대부분이다. 때문에 유치원에 다닐 형편도 되지 않았다. 그러나 왕의 자녀 유치원에서 잘 성장해 초등학교에 올라가 우등 반에 들어간 아이들도 많다. 초등학교 선생님들이 그런 아이들을 보고 놀라며, 어느 유치원을 다녔냐고 물으면 아이가 자랑스럽게 대답했다고 한다.

"왕의 자녀 유치원이요!"

이렇다 보니 다른 유치원 선생님들과 원장들이 유치원 운영을 배우러 왕의 자녀 유치원을 방문했고, 매년 치러진 유치원 교사 세미나는 다르항시에 좋은 모델이 되었다.

몽골의 겨울은 너무 춥고 배고프다. 때문에 겨울밤은 더 길게만 느껴진다. 유치원 아이들은 월요일부터 금요일까지 유치원에서 주는 밥을 먹는데, 특히 금요일 오후 집으로 돌아갈 때면 더 많이 먹는다. 왜냐하면 토요일과 주일은 유치원이 문을 닫기 때문이다. 그래서 집에 가기 전에 많이 먹어두는 것이다.

월요일 아침, 아이들이 유치원에 와서 식사할 때 우리 사역자들의 마음은 너무 아프다. 아이 중 여러 명은 주말 이틀 동안 제대로 먹지 못하고, 거의 물만 마시며 지낸다. 그러다가 월요일 아침 유치원에 오면 아침밥을 얼마나 많이 먹는지 준비한 음식이 동이 날 정도이다. 그래서 원장인 K선교사는 식사준비를 하는 요리사에게 특별히 월요일과 금요일은 음식을 더 많이 준비하라고 부탁한다. 아무리 몽골이 춥다 하더라도 하나님의 자비와 사랑은 그 추위를 너끈히 덮고도 남는다.

유치원 아이들은 겨울을 지나 다시 봄과 여름을 기다린다. 그때는 배는 고플지언정 춥지 않아서 좋기 때문이다. 아이들은 매일 아침 두 손 모아 기도를 한다. 그 기도는 능력이 있다.

"하나님 우리에게 일용할 양식을 주셔서 감사합니다. 내일도 우리에게 양식을 주세요."

"하나님, 비타민이 떨어져 가요, 비타민 한 포대 주세요!"

'비타민 한 포대', 처음에는 이 말이 뭔지 몰랐다. 나중에 알고 보니 몽골의 가난한 사람들은 비타민을 먹을 수 없다. 그들이 자주 사용하는 단어는 '석탄 한 포대', '밀가루 한 포대', '빵 한 포대' 등 춥고 배고플 때 필요한 것이었다. 그런데 왕의 자녀들 유치원에서는 매일 어린이용 비타민을 식후에 주었고, 그 비타민이 거의 떨어질 무렵 아이들에게 기도를 시킨 것이다.

"하나님, 비타민 한 포대 주세요."

그렇게 기도한 지 얼마 있지 않아 우리의 미국 파송교회와 후원교회에서 비타민을 보내줬는데 정말 포대만큼 많이 보내주셨다. 하나님은 살아 계신다!

또 감사한 것은 유치원 아이들을 통해 가족들이 교회에 다니기 시작했다는 것이다. 아이들이 유치원에서 배우는 성경 말씀과 일상생활에서 쓰는 말과 태도를 보고 다른 아이들보다 착하고 바르게 자라는 모습에 흡족해하며, 자연스레 신앙을 접하게 된 것이다. 아이들의 작은 입으로 복음의 메시지가 가정으로 전달되어 많은 부모가 주께로 돌아오고 있다.

우리는 복음의 미전도 지역에 사는 가난하고 소외된 사람들에게 복음과 빵을 함께 나눠주는 실제적인 사랑을 실천하고자 했다. YWAM 다르항 베이스는 집이 없는 사람들에게 1년에 10가정씩 몽골 전통텐트가옥Ger을 지어 주었다. 이제는 YWAM 다르항 베이스와 세르긍만달 교회 연합회가 그 일을 맡아서 진행하고 있다. 겨울에는 석탄과 밀가루를 가난하고 소외된 주민들에게 나눠주며 하나님의 사랑을 전달하고, 여름과 겨울마다 의료 선교 팀들이 와서 재정이 없어 병원에 갈 수 없는 주민에게 사랑과 의술을 베풀었다.

구제는 하나님의 마음을 나누는 것이다. 가난하고 소외된 자들을 향한 하나님 아버지의 따뜻한 마음을 전달하는 사역이다. 하나님의 마음은 사랑이다. 만약 예수님의 사랑이 없이 그냥 구제만 펼친다면 그것은 그저 구제단체가 하는 일일 뿐이다. 돈만 있으면 아무나 할 수 있는 일일 뿐이다.

우리는 하나님의 사랑을 실천하기 위해 밥퍼 사역을 시작했다. 일차적으로 교회 주변에 있는 사람들로 평균 하루에 밥 한 끼만을 먹는 아이와 어르신 60여 명을 초청해서 매주 수요일마다 섬기는 사역을 했다. 신학교 다닐 때 정문 앞에 있던 걸인 아저씨와 함께 목욕탕에 가서 서로 때 밀어줄 때를 기억하며 열심히 오는 분들을 섬겼다. 밥퍼 사역을 섬기는 N, J, B할머니 권사님이 얼마나 성실하고 충성스러운지, 오는 많은 주민이 고마워하고 행복해했다.

밥퍼 사역을 시작한 지 몇 개월이 지난 후 갑자기 왕의 자녀 유치원에서 사용하던 '한 포대, 두 포대'라는 단어가 생각났다. 그래서 수요일에 오시는 분들이 돌아갈 때는 큰 빵을 하나씩 드리기로 했다. 그 빵으로 하루 이틀이라도 견딜 수 있기를 바라면서 말이다. 우리는 국밥과 빵을 이용해서 복음을 전하지 않기로 했다. 단지 국밥과 빵으로 하나님의 사랑만을 전달하고자 했다.

그러던 어느 날 현지인 사역자가 이런 건의를 했다.

"선교사님! 밥퍼 사역에 와서 먹는 아이들과 성인 대상으로 주일학교 사역과 장년 사역을 합시다."

다르항 세르긍만달 교회의 주일학교 학생이 그 당시 90여 명이 되었는데, 새롭게 밥퍼 사역에 오는 아이들 대상으로 주일학교를 하자는 제안이었다. 그리고 어른들에게도 복음을 전해 우리 교회에 나오도록 하자는 것이다. 하지만 나는 그 제안을 일단 마음에 두지 않기로 했다.

"만약 우리가 국밥을 주고 빵을 준 다음에 복음을 전하고 교회에 초청하면 거의 100% 교회에 나올 것입니다. 미안해서라도 말입니다. 그러나 그들 가운데 진정으로 예수님을 믿고자 오는 분들이 얼마나 되겠습니까. 차라리 그들을 위해 중보기도하면서 조금만 기다려 봅시다!"

그런데 그 후 매주 놀라운 일들이 일어났다. 예수님에 대해 전하지도 않았는데, 밥퍼 사역을 한 지 몇 개월 만에 대부분의 사람이 스스로 교회에 나오게 되었고, 1년이 지나 세례를 받았다. 나중에 몇 분은 하나님의 사역을 감당하는 소그룹의 지도자가 되었다.

1970년부터 베트남에서 피난 나온 '보트피플 Boat People'이 주변 국경 지역에 많이 모여들었을 때 여러 국제단체에서 나와 구제 사역을 했다. 그중에 가장 큰 영향을 끼친 팀의 하나가 YWAM의 구제 사역 팀 Mercy Ministry이다. 의사, 간호사, 건축가, 요리사, 영어 선생, 학교 사역자 등으로 구성된 그들은 모두가 한결같이 하나님의 사랑으로 '보트피플(난민)'들을 섬겼다. 국제 구제기구 본부에는 구제 사역은 얼마든지 해도 좋지만 종교 활동은 할 수 없다는 규정이 있었기 때문에 YWAM 사역자는 그 규정을 존중하며 그들을 섬기고 있었다. 그런데 그들 중 한 명, 두 명이 영어를 배우더니 선교사에게 묻기 시작했다.

"왜 이렇게 도와주시는 것입니까?"

"게으르고 소망 없이 사는 우리를 아무 대가 없이 이렇게 도와주시는 이유가 무엇인가요?"

선교사들은 말했다.

"왜냐하면, 바로 '예수님의 사랑' 때문입니다."

그들은 예수님이 누구인지 묻게 되었고, 선교사들은 답을 해주었다. 국제 규정에 따르면 현지인들이 질문할 때는 대답할 수 있는 권리가 있다고 했다.

90년도 초에 어느 선교사의 보고에 의하면, 베트남 '보트피플' 난민촌에서 목회자나 선교사가 300명 이상이 나왔다고 한다. 이 일은 하나님이 하셨다. 하나님의 사랑이 그들을 감동시킨 것이다. 이 이야기를 오래전에 들어 알고 있던 터라 우리 밥퍼 사역에도 접목했다.

현재 밥퍼 사역의 도움을 받았던 현지인은 그 누구의 강제성이 있는 권유에 의해서가 아니라 자발적으로 교회에 나와 예수님을 영접하고 신앙을 키워가고 있다. 빵과 함께 전한 하나님의 사랑이 그들을 변화시킨 것이다. 그들은 이제 빵보다 사랑이 더 중요함을 정확히 알고 있다. 이 모든 일을 하나님이 하셨다.

이제 유치원 문 닫읍시다

"선교사님, 우리 유치원이 너무 어렵게 되었습니다. 교사들 월급이 몇 개월 치나 밀렸고, 아이들 먹을 것도 다 떨어졌어요."

유치원 2대 원장인 N선생의 다급한 전화였다. 당시 미국에 있던 나는 한참을 고민하다 이렇게 말했다.

"원장님, 6개월간 유치원 문을 닫읍시다. 그동안 제가 다시 후원을 알아보겠습니다."

그러자 N선생은 전화로 대성통곡을 하며 나를 말렸다.

"안돼요, 그럴 수 없습니다. 우리 아이들은 어떻게 해요…."

N선생의 통곡에 마음이 너무 아파 함께 울었다.

우리가 몽골에서 추방된 지 1년쯤 되었을 때 듣게 된 안타까운 소식이다. 우리 왕의 자녀 유치원은 '구제형' 유치원이었기에 유치원 경비가 거의 매월 평균 200만 원 이상씩 들어갔다. 60여 명 원아의 하루 3끼 식사와 교육시설 관리, 공과금, 교직원 월급, 운영비 등을 모두 합친 금액이다. 게다가 K선교사가 부르심에 따라 인도로 선교지를 옮기고, 우리가 추방되면서 유치원은 조금씩 어려워지기 시작했다. 추방 이후로 1년 정도는 미국 후원팀이 지원했지만 역부족이었다.

며칠 있다가 다시 몽골에서 전화가 왔다. 유치원 직원들도 울면서 유치원 문 닫는 것을 반대한다고 했다. 본인들의 밀린 월급도 당분간 받지 않겠다고 하면서 말이다.

"이 불쌍한 아이들을 보내면 이들이 어디로 가겠습니까! 아이들이 배고파서 어떻게 살겠습니까!"

직원들은 계속 유치원을 해나가도록 허락해달라고 울면서 말했다. 마치 한국의 IMF 때 많은 회사 직원이 회사를 살리기 위해 월급을 보류하고 희생한 것처럼 말이다.

그러나 며칠 후, N원장은 버티고 버티다가 학부모 모임을 열어 유치원 문을 닫게 되었다는 소식을 전했다. 그랬더니 모든 학부모가 반대하며 유치원 문을 닫으면 아이들이 갈 데가 없으니 그럴 수 없다고 했단다. 급기야 자신들은 돈은 없지만 팔다리가 튼튼하니 농사를 지어서 아이들의 음식을 제공하겠다면서 말이다. 그래서 2012년부터 지금까지 우리 유치원 뜰에서 학부모들이 감자 농사를 짓고 있다.

N원장의 전화를 받고 나서 하나님 아버지께 기도했다.

"하나님, 어떻게 하면 이 유치원을 살릴 수 있습니까? 도와주세요."

새벽마다 무릎을 꿇었다. 다시 하나님의 얼굴을 구했다. 너무 걱정되어 잠도 오지 않았다.

'하…. 이제 유치원은 망하는구나. 어떻게 세워진 유치원인데…. K선교사와 함께 눈물과 기도로 세운 유치원이 이제 무너지는구나.'

기도를 하면서도 마음은 참담했다.

그러던 어느 날 새벽, 하나님은 뜬금없이 쓱 다가오셔서 이렇게 말씀하셨다.

"해영아, 너 참 교만하구나."

"예? 하나님, 제가 교만하다고요? 아니 무너져가고 있는 유치원과 재정으로 허덕이는 YWAM 다르항, 세르긍만달 교회 연합회를 걱정하는 것이 왜 교만입니까?"

하나님은 계속해서 나의 내면 깊은 곳에서 말씀하셨다.

"해영아, 너 정말 네가 모든 것을 다 했다고 생각하는 거니? 내가 모든 것을 했잖아, 넌 그냥 내 심부름만 했지. 그런데 네가 그러고 있으니 꼭 네가 다해 놓고 안 되니까 걱정하는 것 같다야."

그 순간, 그동안 가졌던 내 교만한 생각과 상황들이 갑자기 떠올라서 숨이 막히는 줄 알았다. 그날 새벽에 다시 하나님께 엎드려 나의 교만을 용서해달라고 눈물, 콧물을 다 흘리며 간구했다.

"하나님을 인정합니다. 하나님께서 모든 것을 하셨으며, 하나님이 모든 사역의 주인이십니다."

이렇게 고백하는 순간, 하나님은 한 가지 아이디어를 주셨다. 공식적인 도움 요청의 편지를 쓰는 것이었다. 그 편지를 가지고 N원장이 몽골 다르항시 시장과 도지사, 기업인들을 찾아가 도움을 요청하는 것이다. 그래서 그날 N원장에게 편지를 하나 써서 보내주고, 이제부터 도움을 요청하는 편지를 가지고 N원장이 직접 나서 도움을 요청해보라고 했다.

"왕의 자녀 유치원은 2003년에 K선교사와 P선교사가 시작해 지금까지 많은 아이가 교육을 받은 곳입니다. 아이들은 졸업 후 상급학교로 진학해서 우등생이 되고, 대학을 졸업해 직장인이 되어 사회에 좋은 영향을 끼치는 사람이 되고 있습니다. 그런데 유치원이 재정적으로 어려워져서 문을 닫게 되었습니다. 도와주시기를 부탁드립니다."

이 편지를 내가 알지 못하는 새로운 다르항 시장mayor에게 주었다.

유치원에 대해 전혀 몰랐던 그 시장은 편지를 받고, 왕의 자녀 유치원을 방문하게 되었다. 일전에 제주 열방대학 디자인 학교 전도 여행 팀이 유치원을 꽃동산, 놀이동산, 동물원처럼 예쁘고 아름답게 만들어 주었다. 시장은 아름답게 꾸며진 유치원의 전경에 감동하기 시작했다. 유치원의 프로그램(하와이 열방대학/몬테소리)에 대해 간단한 소개를 듣고, 아이들이 어떻게 공부를 하고 생활하는지를 관찰하면서 시장은 말을 꺼냈다.

"어떻게 이렇게 훌륭한 유치원이 문을 닫는다는 말입니까? 닫을 수 없습니다. 방법을 찾아봅시다."

그 후 며칠이 지나 다르항시에서는 왕의 자녀 유치원에 '사립 유치원' 등록증을 내주었고, 구제형 유치원에서 공식 유치원으로 유치원 등급을 승격시켜 주었다. 그리고 정부에서 모든 교사와 직원 12명의 월급을 지급하기로 했고, 원아 한 명당 교육비가 나와서 지금은 큰 어려움이 없이 잘 운영되고 있다. 지난 몇 년 동안 최우수 유치원 표창을 받았고, 모범 유치원으로 인정받게 되었다. 또한 N원장은 다르항시의 전체 유치원 원감이 되어 다르항시의 많은 유치원에 좋은 영향을 끼치고 있다. 역시 우리 하나님은 살아계신다!

최근에는 매년 60명의 원아를 받아 운영하던 것을 시정부에서 100명으로 증원해 달라는 특별한 요청을 했다고 한다. 60명의 원아도 수용하기가 벅찬 공간인데, 2017년 말부터 40명을 더 수용하라는 정부의 명령으로 지금은 원아가 100명이 되었다. 현재 공간이 부족해서 우리 유치원 건물의 반지하 공간을 고치고 증축해 교실을 두 개

더 만들어야 하는 숙제가 남았다.

　이 소식을 전해 듣고, 행복한 고민을 하는 유치원 사역자들을 생각하니 마음이 왠지 울컥하면서도 뿌듯했다. 몽골 땅에서 추방당하던 그때, 이런 기적 같은 일들이 계속되리라고 상상이나 했겠는가. 하나님은 그런 분이다. 우리 인생의 주인과 우리 사역의 주체가 하나님이심을 온전히 고백하고 인정할 때, 수많은 방법과 축복으로 막힌 것들을 풀어가신다. 그분에게 불가능은 없다. 따라서 그분의 자녀인 우리에게도 불가능은 없다. 전혀 없다.

　이 모든 과정을 통해 나는 다시 한번 확신했다.
　'우리의 추방은 축복이었고, 하나님의 연출이었다.'

형님! 배고파요

하나님은 모든 인류에게 복을 주길 원하신다. 사람들은 축복받기를 갈망한다. 구약성경에서 에서는 그의 아버지 이삭에게 애원했다.

　　　아버지여 내게 축복하소서 내게도 그리하소서 (창 27:34)

　구약시대 축복의 의미는 무엇인가? 축복은 유업이고, 유산이었다. 그것은 힘이었고, 힘은 곧 생명이었다. 그런 귀한 축복을 에서는 야곱에게 빼앗겨버렸다. 후에 야곱은 이삭의 축복대로 족장으로서 거부가 됐고, 자손과 땅과 힘을 가지게 된다.

그래서 우리는 축복을 소중히 다루어야 한다. 스펄전은 "우리로 기도하게 만드는 모든 것이 축복이다."라고 말했다. 축복을 받기 위해서 기도해야 한다.

특히 아이들은 축복을 받고 싶지만 말로 표현하지 못하거나 표현하지 않을 때도 있다. 아이들은 온몸으로 축복이 필요하다고 말한다. 『축복의 언어』라는 책을 쓴 존 트렌트John Trent와 게리 스몰리Gary Smalley는 구약시대에는 가정에서 축복을 베풀 때, 반드시 애정 어린 접촉을 했다고 한다.

> "성경에서 가정의 축복을 나누어줄 때 '의미있는 터치'는 매우 중요하다는 것을 찾아볼 수 있다. 이삭이 야곱에게 축복할 때 포옹과 입맞춤이 함께 곁들여졌다."
> — 존 트렌트, 게리 스몰리, 『축복의 언어』

창세기 27장 26절은 "내 아들아 가까이 와서 내게 입을 맞추라"라고 기록한다. 아이들은 부모로부터 애정의 표현으로 적절한 터치나 말로 축복을 받아보지 못했거나, 사랑을 받지 못하면 축복의 의미를 다른 데 두어 잘못된 길로 갈 수 있다.

하지만 어른들이 아이들에게 축복하고 싶지 않아 축복하지 않는 것이 아니다. 몰라서 못하는 것이다. 그 어른들도 그들의 부모로부터 축복을 받지 못하고 자랐기 때문일 수도 있다. 어쨌든 아이들은 말은 하지 않아도 자기의 부모나 선생 그리고 친구로부터 축복을 받고 싶어 한다. 한두 살배기가 어찌 축복이란 의미를 알 수 있단 말인가. 그러나 어린아이 안에 있는 영혼은 축복의 필요를 느끼고 내면 깊은 곳에서 외치고 있다.

"아빠! 나에게 축복해주세요."

부모들은 듣고 있는가? 아이들이 당신에게 축복을 받고 싶다는 소리를 말이다.

어느 날 골방기도실에 무릎을 꿇고 기도를 하는데 둘째 딸 예빈(4살)이가 급히 달려오더니 나의 배 밑으로 들어와 이렇게 말했다.

"아빠! 나에게 축복해주세요."

그때 내 귀를 의심하지 않을 수 없었다. 그래서 예빈이에게 다시 말해보라고 했다. 그랬더니 나에게 정확하고 애교가 섞인 목소리로 이렇게 말하는 것이 아닌가!

"아빠! 나에게 축복해주세요!"

이 귀한 말을 하며 예빈이는 나의 오른손을 자기 머리에 얹기까지 했다. 나는 너무 기뻐서 그 자리에서 아이 머리에 손을 얹고 기도했다. 그냥 평상시 습관대로 저녁에 자기 전에 기도하는 그런 기도가 아니었다. 진심으로 축복하는 기도였다. 축복권을 가지고 기도했다. 나는 아브라함이 이삭에게, 이삭이 야곱에게, 야곱이 자기 자식에게 축복하는 심정으로 예빈이에게 축복기도를 했다. 들끓는 용암이 용솟음쳐 올라가듯이 내 가슴은 뛰기 시작했다.

"하나님, 이 딸을 축복해 주세요. 이 딸이 가는 곳마다 화목하게 되고 평화가 임할 수 있도록 축복합니다. 깨어진 것이 회복되는 역사가 일어나고, 묶여있는 것이 풀려나는 역사가 일어나기를 축복합니다. 미래에 하나님의 나라를 위해 온몸을 드리는 귀한 딸이 되게 하소서! 예수님의 이름으로 기도합니다. 아멘!"

"아멘!"

그날의 축복기도에 아멘으로 응답한 예빈이는 지금 기독교 대학에서 심리학을 전공하며 앞으로 상담전문가로서 사역하고 싶어한다. 나는 예빈이를 통해서 많은 청소년이 위로받고 회복되는 것을 상상한다. 그때마다 그날 골방기도실에서 기도했던 내용이 떠오른다. 하나님은 신실하신 분, 우리의 기도 소리를 들으시고 하나님의 때에 응답하시는 분이다. 그 하나님을 찬양한다.

우리에겐 축복할 수 있는 권세가 있으며, 축복을 받을 특권이 있다. 창세기 12장 1~3절을 보면 아브라함이 하나님으로부터 축복의 권세를 받는다. 열방을 축복하라는 명령을 받으면서 그는 '복의 근원'이라는 칭호까지 받았다. 아브라함은 하나님께 은혜를 입었고, 다른 나라의 민족도 그를 통해 축복을 받았다. 열방이 아브라함으로부터 축복받을 특권을 소유한 것이다. 그 놀라운 축복을 할 수 있는 권세와 받을 수 있는 특권이 우리에게 있다는 사실을 아는 사람은 그냥 그 자리에 머물 수 없다. 왜냐하면 축복할 수 있는 권세는 하나님의 명령이기 때문이다.

한편 부모로부터 축복을 못 받아 여유롭고 풍요로운 삶을 살지 못하는 아이들도 많다. 몽골사람 대부분이 그렇다. 우리 사역자 중에도 그런 형제가 있었다. 바로 M형제이다.

그는 유년, 청소년기에 부모로부터 사랑을 받지 못해 암울하고 소망 없는 삶을 살았다. 어린 시절 얼마나 가난했는지 매일 소금 한 숟가락을 입에 넣고 물 2L를 마시며 살았던 형제이다. 지금도 혓바닥을 보면 쩍쩍 갈라져 있다. 그렇다 보니 변변한 직업도 없었다. 동네에서 지나가는 사람들에게 폭력을 가해 금품을 빼앗아 돈벌이했고, 도로변에 있는 구멍가게를 파손시키거나 불을 지르고 물품들을 도둑질하며 살았다.

그랬던 그가 예수를 믿고 YWAM 다르항 베이스에 제자훈련학교를 하겠다고 원서를 냈다. 나와 제자훈련학교 리더십 간사들이 울란바토르에 가서 면접을 진행하는데 그 M형제가 나타났다. 전날 술을 얼마나 마셨는지 술 냄새가 물씬 풍겼다. 눈은 빨갛게 충혈이 되어 있고, 얼굴은 상처가 나서 성한 곳이 하나도 없어 보였다. 눈 한쪽은 작고 한쪽은 커다란, 누가 봐도 그는 주먹 꽤나 쓰는 사람처럼 보였다.

"형제님, 혹시 술을 드셨나요?"

"예, 어제저녁까지 많이 마셨습니다."

이런 형제를 YWAM 다르항 제자훈련학교에 학생으로 받았다. 제자훈련학교는 이런 부족한 사람이 오는 곳이다. 자신이 완벽하다고 자만하는 사람은 오히려 예수의 제자가 되기가 더 어려울지도 모르겠다.

M형제는 우리의 우려와는 달리 모든 훈련을 잘 받았다. 제자훈련학교 기간 동안 얼마나 하나님을 사모하는지 느낄 수 있었다. 매일 새벽마다 하나님 앞에 엎드리며 하나님의 얼굴을 구했다.

그는 특히 축복에 대한 갈망이 깊었다. 보기와는 딴판으로 순수하고 성실하고 충성스러운 형제였다. 나를 만날 때 여러 번 축복해달라고 요청하기도 했다. 나는 특별히 그 형제를 축복해 주었다. 예빈이를 축복해 주었던 것처럼 M형제를 축복할 때도 내 자녀처럼 구체적으로 축복해 주었다. 우리 아이들도 M형제를 좋아한다.

제자훈련학교 강의 기간을 마치고 H국의 G지역으로 전도 여행을 갔을 때, 하나님은 M형제를 그 땅에 '축복의 근원'으로 부르셨다. 그 땅을 축복하는 선교사로 부르심을 받은 것이다. 결국 3년 뒤에 하나님의 인도하심을 따라 M형제는 H국에 선교사로 파송되어 언어훈련과 사역을 하다가 다시 돌아와 지금의 아내와 결혼해 두 아이의 아빠가 되었다. 형제는 다시 온 가족의 손을 잡고 약속의 땅, 축복의 땅인 H국으로 갔다.

선교지에서의 첫해는 필요한 만큼 후원이 들어와 그런대로 잘 지냈다. 그런데 2년이 되는 해부터 M형제는 재정적으로 힘들어지기 시작했다. 그 당시 나는 안식년으로 미국에 가 있었던 터라 자주 연락을 하지 못했다. 나중에 알고 보니 M형제는 재정이 거의 바닥이었는데도 불구하고 몽골로 철수하지 않고 '죽으면 죽으리라'라는 각오로 그곳에서 버티고 있었다.

그것도 모르고 가끔 미국에서 H국에 M형제에게 전화할 때면 이렇게 묻곤 했다.

"안녕, 어떻게 지내요? 건강은 어때요?"

"괜찮아요. 형님은요?"

"난 괜찮아요. 후원금은 잘 들어오고요? 먹는 것도 잘 먹고 있죠?"
"야호떼, 가이구이, 형님"

'야호떼, 가이구이'라는 몽골어의 의미를 나는 잘 몰랐다. '야호떼 가이구이' 뜻은 '그저 그래요.' 또는 '괜찮아요.'이다. 그렇기에 그냥 '잘 지내겠거니'라고 막연히 생각했던 것이 나의 잘못이었다. 생각해 보면 그 당시 M형제의 상황에서 '야호떼 가이구이'는 이런 의미였다.

"형님, 나 죽겠어요. 먹을 것이 없어 늘 배고파 있어요. 우리 아이들은 비타민이 부족해 각기병과 공황장애로 고생하고 있고, 나는 C형 간염을 앓고 있어요. 형님 도와주시겠어요?"

안타깝게도 나는 그 형제의 숨은 외침을 듣지 못했던 것이다. 그 후 몇 사람을 거쳐 M형제의 소식을 알게 되었고, 국제전화를 해서 몽골로 들어오라고 했다. 철수 명령을 내렸다.

M형제를 생각하면 광야에서 어려운 시간을 보낸 다윗이 생각난다. 주위에 아무도 없이 하나님만 바라고 살아간 M형제, 그가 다윗이었다.

다윗은 어려운 상황에서도 끝까지 포기하지 않은 기다림의 전문가였다. 시편 40편에서 그는 이렇게 고백한다.

> 내가 여호와를 기다리고 기다렸더니 귀를 기울이사 나의 부르짖음을 들으셨도다 나를 기가 막힐 웅덩이와 수렁에서 끌어올리시고 내 발을 반석 위에 두사 내 걸음을 견고하게 하셨도다(시 40:1-2)

다윗은 기다리고 기다렸다고 말한다. 이 기다림의 시간은 막연히 한두 달이나 1, 2년이 아니었다. 자그마치 15년을, 다윗은 하나님 앞에서 기다렸다. 아버지 이새의 집에서 다윗은 사무엘에 의해 다음 왕으로 기름부음을 받았다. 바로 그날이든 그다음 날이든 유대의 1대 왕 사울을 폐위하고, 빠른 시일에 이스라엘의 제2대 왕이 되는 것이 정상이었다. 그러나 그 당시 다윗에게는 그런 하나님의 타이밍, 카이로스는 오지 않았다. 그 대신 15년 동안 사울 왕으로부터 여러 번 죽음의 고비를 넘기며 외로움과 배고픔, 두려움 속에서 광야 생활을 보내야 했다. 그런 후에야 다윗은 비로소 왕이 되었고, 시편 40편을 쓸 수 있었다.

안식년 중에 나는 잠시 몽골에 들어갔고, M형제는 내가 들어가는 시간에 맞추어 완전히 철수했다. M형제의 가족을 만나니 가슴이 너무 아팠다. 아이들은 영양부족으로 각기병에 걸렸고, 학비가 없어 학교에도 가지 못했다. 말없이 집에만 있다보니 공황장애가 왔는지 다른 아이들과 어울리는 것도 불가능했다. M형제는 C형 간염으로 몸이 많이 쇠약해졌다. 그의 아내도 역시 건강이 안좋아 철수한 이후 임신한 아이도 유산되었다.

우리가 파송한 형제의 아픔을 전혀 모르고 있었다니…. 부끄러움과 고통이 동시에 밀려왔다. 우리는 안식년을 꼬박꼬박 찾아 먹었다. 부유하지는 않았지만 맛있는 것도 먹고, 가고 싶은 곳도 가고, 공부도 하고 푹 쉬기도 하며 가족과 함께 즐겁게 지냈다. 여러 교회와 성도들은 우리를 인정해주고 축복해주었다.

그러나 M형제의 가족은 우리가 그렇게 지내는 동안 고통 가운데 있었다. 먹을 것도 못 먹고, 잠도 못 자고, 고생이란 고생은 다 한 것이다. 생각할수록 마음이 너무 아팠다. 나는 M형제 가족을 만나 내가 그들의 아픔을 몰랐었고, 그 힘듦에 동참하지 못했다고 용서를 구했다. 우리는 함께 부둥켜안고 한참 동안 울었다. 울면서 M형제가 한 말에 더 많이 울었다.

"야호떼 가이구이. 형님"

하나님을 향한 간절한 마음, 그 땅을 축복하기 위해 온몸을 하나님께 드린 M형제의 삶이 너무 아름답다. M형제는 C형 간염을 앓았다가 거의 완쾌되어 사역현장으로 나갔지만 여전히 약을 먹고 있다. 아이들은 지난 날 각기병으로 고생했는데 지금은 완쾌되어 아주 활발하게 놀며, 현지에서 공부도 열심히 하고 있다. 그곳에 도착한 지 얼마 되지 않았는데 잘 정착 중이다.

M형제와 헤어지면서 신신당부한 것이 있다. 이제는 상황이 어려우면 '야호떼 가이구이'라는 말 대신 꼭 이 메시지를 전하기로 말이다.

"형님, 배고파요!"

최근 어려운 시기에 그들을 다시 방문했다. 나의 방문이 큰 위로가 되었던 것 같아 감사했다. M형제의 아이들이 햄버거를 먹고 싶다고 해서 함께 갔는데, 아이들이 얼마나 좋아했는지 모른다. 그동안 아이들이 M형제에게 햄버거 가게에 가자고 했는데 여러 가지 이유로 데리고 가지 않았단다. 아마 재정 때문일 것이다. 그래서 함께 가서 맛있게 먹고, 장난감 가게에서 아이들이 좋아하는 것도 사 주었다. 쇼핑

몰 3층에 있는 놀이터에서 아이들을 3시간 정도 신나게 놀게 했다.

M형제는 몽골인으로서 해외 선교사로 있는 것이 정말 어렵지만 하나님의 부르심이 있어 순종하는 마음으로 거기에 있다고 고백했다. 하나님께 감사할 뿐이다.

몽골에 복음이 들어간 지 어느덧 28년째 접어든다. 지금까지 몽골 교회들을 통해서 아이들 포함 70여명의 몽골인들이 해외 선교사로 파송되었다. 몽골 현지인 선교사, 그들의 헌신이 너무 자랑스럽다.

나는 앞으로는 현지인 사역자들이 "야호떼 가이구이"라고 하면 절대 그냥 넘기지 않을 것이다. 그들의 필요에 곧바로 반응할 것이다.

"형님, 배고파요."

"응, 내가 갈게!"

Stop Sign

여섯 번째
쉼표

타협하지 않는
사람들

빨간 지붕 이야기

공의로 세계를 심판하심이여 정직으로 만민에게 판단을 내리시리로다(시 9:8)

하나님은 공의롭고 정직하시다. 정직은 하나님의 성품 중의 하나로, 정직한 삶은 우리가 하늘을 볼 수 있게 한다. 정직하면 하나님과 세상 앞에서 당당할 수 있기 때문이다.

'정직하다'는 것은 어떤 불의와도 타협하지 않는다는 의미이기도 하다. 그 때문에 정직한 삶은 때로 우리가 목적지까지 가는데 여러 가지 어려움을 만나게도 한다. 어두운 세상에서 홀로 정직의 도를 지키려고 할 때 뜻하지 않은 고난을 만날 수도 있다. 그러나 하나님은 말씀을 통해 우리를 위로하신다.

악한 자의 집은 망하겠고 정직한 자의 장막은 흥하리라(잠 14:11)

구약시대 이스라엘 백성이 하나님을 섬기고 거룩한 삶을 살고자 할 때, 주변의 우상을 섬기며 악을 행하는 나라들은 오히려 이스라엘 백성을 이상한 족속으로 보았다. 보통 그 시대의 이방 족속들은 우상에게 절하고 음란한 행위를 서슴지 않았다. 유일하게 이스라엘 백성만이 그런 악한 일을 멀리하고, 거룩한 삶을 살고 있었다.

그런데 그 삶의 대가는 어떠했는가? 주변 이방 족속이 그들을 비난하고 공격해서 속국으로 만들어 버렸다. 때론 이스라엘 백성이 이방 족속과 타협해 죄를 지음으로 하나님이 이스라엘 백성을 바벨론이나 앗수르 등의 노예로 살게 하신 적도 있다.

사람은 정직한 방법을 배우기보다 타협하는 방법을 더 쉽게 배운다. 어린아이도 긍정적인 말이나 행동보다 부정적인 행동과 말을 좋아한다. 'Yes(네)'보다는 'No(아니요)', 'Do(한다)' 보다 'Do not(안한다)', 'Can(할 수 있다)'보다는 'Can not(못한다)'을 더 빨리 배운다. 이렇듯이 사람이 하나님의 공의와 정직한 성품을 닮아가기는 정말 어려운 일이다.

그럼에도 이 세상에는 불의와 타협하지 않고 정직하게 사는 사람들이 여전히 많다. 그들이 바로 하나님의 성품을 닮아가는 사람이다.

2003년 다르항시 YWAM 선교센터를 지을 때 일이다. 당시 건축은 한국인 건축업자에게 맡겼다. 선교센터는 빨간 기와 지붕, 빨간 벽돌 벽, 하얀 울타리로 아름답게 지어지고 있었다.

그런데 건축이 거의 끝나갈 무렵 한국 건축업자가 내게 이런 말을 하는 게 아닌가.

"선교사님, 이 건물에 대한 세금을 건물주가 15% 내야 합니다. 10만 불로 이 건물을 지었지만 5만 불로 지었다고 속여서 보고 합시다. 우리가 세금을 많이 내면 몽골 세무과 직원들이 세금을 조작해서 많은 돈을 자기들이 착복합니다."

그는 아주 당연한 일인 양 태연하게 말했다. 하지만 내 생각은 달랐다.

"저는 세금을 속여 가며 선교센터를 지을 마음이 없습니다. 왜냐하면 이곳에서 DTS(예수제자훈련학교)를 열고 하나님의 정직을 가르쳐야 하기 때문입니다. 정직하게 세무과에 보고해 주세요."

"선교사님, 쉽게 쉽게 삽시다. 제가 지은 건물 대부분의 건물주가 다 그런 식으로 세금보고를 했습니다. 세금을 적게 내니 다들 좋아했어요. 선교사님은 왜 그렇게 유난을 떠십니까? 정말 고지식하시군요."

나를 이해할 수 없다는 듯 약간은 흥분된 어조로 그는 계속 말을 이어갔다.

"이 재정이 어떤 재정입니까? 한국, 미국에서 성도들이 피땀 흘려 모아 보낸 재정입니다."

아! 순간 나는 '타협'의 문 앞까지 끌려갔다. 그의 말에 마음이 조금 흔들릴 뻔했다.

그러나 하나님은 나를 붙드시고 정직의 자리에 서게 하셨다.

"만약 우리가 세금보고를 정확하게 하면 사장님 회사에 어려움이 됩니까?"

"아니요, 그냥 선교사님 재정에 도움이 될까 해서 조언하는 것입니다."

"그럼 원래대로 정확하게 세금을 보고해 주세요."

건축업자는 나의 이런 태도에 당황했지만 알았다며 돌아갔다. 그는 얼마 있지 않아 정확한 세금보고서를 가지고 왔고, 우리 단체는 재정이 넉넉하지 않았지만 나라에 낼 세금을 정직하게 내었다.

몇 달이 지나지 않은 어느 날, 갑자기 사복 경찰들과 세무과 직원들이 들이닥쳤다.

"야, 이 단체 등록증과 세금보고서 가져와!"

"그동안 이곳에서 일했던 서류들을 다 가져와!"

"이 단체 책임자가 누구야!"

무리의 대장인 듯한 사람은 옛 공산주의자의 권위적이고도 고압적인 말투가 배어있었다. 그는 의자에 앉아 책상 위에 다리를 꼬아 올려놓은 채 거만하게 우리를 재촉했다. 몽골 사역자들은 다들 겁을 먹었는지 경직되어 있었다. 나는 당당하게 그들에게 갔다. 그간 불법을 행한 적이 없었기 때문에 두려울 것이 없었고, 우리가 할 도리를 다하고 있었기에 꿀릴 것이 없었다. 정직은 자신감을 준다.

"당신들은 누구십니까? 감히 어디에 와서 이런 행동을 합니까? 도대체 경찰이라도 되는 겁니까? 경찰이라면 신분증이라도 있습니까? 그리고 영장을 가져왔습니까?"

내가 조금도 주눅들지 않고 당당하게 얘기하자 그들은 어이가 없는 듯이 물끄러미 나를 바라보았다. 아마 나 같은 사람을 만나보지 못한 모양이었다. 나는 말을 계속 이어갔다.

"그동안 미국, 호주, 몽골, 한국 등 여러 나라에 살아봤지만 지금 당신들처럼 경찰 신분증, 영장도 없이 이렇게 무례하게 하는 것은 처음 봅니다."

그리고 좀 더 목소리를 높였다.

"우리 단체는 정부로부터 몽골을 잘 섬기라는 명령과 허가증까지 받았습니다. 또한 나는 엥흐바야르 대통령으로부터 사회공헌을 했다고 금장 훈장을 받은 사람입니다."

그러자 거만하게 책상에 발을 올렸던 그가 슬며시 발을 내리더니 신분증을 꺼내 보여주었다.

"경찰이 맞긴 맞는군요. 영장은 가져오셨습니까?"

"그건 경찰서에 있습니다."

"좋습니다. 그럼 다음부터 올 때는 전화를 한번 주든지, 아니면 영장을 가져 오든지 하면 여러분을 경찰로 대우해 드리겠습니다."

이렇게 정중하게 말한 후 그들이 요구한 모든 증명증과 등록증, 세금 보고서를 다 보여주었다. 그들은 모든 서류를 조사한 후에 아무 말도 하지 못하고 돌아갔다.

그들이 가자마자 몽골 사역자들은 아연실색하며 내게 말했다.

"선교사님, 저들이 어떤 사람들인 줄 압니까?"

"나야 모르죠!"

"대단히 높은 지위에 있는 경찰들입니다."

"그래서요?"

"조심하셔야 합니다."

"뭘 조심해요? 우리가 정직하면 두려울 것이 없지 않나요?"

얼마 있지 않아 소식을 들었는데 그 경찰들은 모든 외국단체를 조사했다고 한다. 결국 세금을 올바르게 내지 않은 종교단체와 비영리법인NGO등은 정부로부터 벌금 폭탄을 맞았고, 어떤 곳은 사업정지를 받았다는 것이다.

타협하지 않는 삶은 참으로 어리석게 보일 수도 있다. 고지식하게 살아서 고생한다고 부정적인 느낌도 들 수 있다. 남들 다하는 보편적 방식을 따르지 않는다고 왕따를 당할 수도 있다. 하지만 하나님의 방식이 아닌 세상 방식을 따라 쉽게 가고자 하다가 오히려 깊은 수렁에 빠져들지도 모른다.

예수를 믿는 사람들, 우리 그리스도인의 삶은 어떠해야 하는가? 하나님을 사랑하고 사회의 질서를 지키며, 부정부패에서 멀어야 한다. 예수님을 믿지 않고 세상 풍조를 따르는 사람들과는 다른 구별된 삶을 살아야 한다. 그것이 바로 참 그리스도인이 가져야 할 삶의 모습이다.

종교단체나 비영리법인의 세금은 일반 회사와는 다르게 조금은 적게 책정이 된다. 선교센터를 지은 지 3년이 지났을 때 세무서에서 연락이 왔다. 그동안 YWAM 다르항이 세금을 납부하지 않아 100만 원 이상의 벌금을 내야 한다는 것이다. 법을 몰라서 벌어진 실수였다. N간사와 함께 세무서에 갔다. 먼저 담당자에게 용서를 구했다.

"안녕하세요. 저는 YWAM 다르항의 책임자입니다. 우리 단체가 종교법인이라 세금을 내지 않아도 되는 줄 알았습니다. 법을 몰라서 못 냈습니다. 죄송합니다. 저희 잘못입니다. 지금이라도 내겠습니다."

이런 얘기를 하고 있는 동안 우리 탁자 옆에서는 그동안 세금을 내지 않아 우리처럼 호출된 라마 불교 스님이 있었다. 스님은 세금을 면제해달라고 어깃장을 놓았다. 당장이라도 바닥에 드러누울 기세였다. 결국 세무 공무원은 화가 난 어조로 스님에게 소리를 질렀다.

"아니 스님! 예수교 목사는 세금을 낸다고 왔는데 어찌 사원에서는 세금을 내지 않겠다고 그러십니까? 그동안 밀린 세금과 벌금까지 다 내고 가세요!"

욥은 우스 땅에서 순전하고 정직한 마음으로 하나님을 경외하며 사는 자였다. 하지만 하루아침에 아들 일곱과 딸 셋 등 10명의 자녀를 잃었다. 그는 정직한 삶을 살았지만 그 소유물인 양 7천과 약대 3천, 소 5백과 암나귀 5백 마리 등을 잃었다. 하나님 앞에서 정직하게 살아가도 욥과 같은 일이 일어날 수 있다. 그럴 때도 과연 우리는 정직한 삶을 계속 선택할 수 있을까? 계속 하나님을 신뢰할 수 있을까?

오늘도 '타협'이라는 놈은 우리에게 다가와 이렇게 속삭이곤 한다.

"괜찮아. 한 번인데 뭐. 곧 지나갈 거야."

"우선멈춤이라는 하나님의 사인, 무시해도 돼"

"기다리지 말고 네가 원하는 대로 가. 별일 없을 거야"

당신은 하나님의 방법으로 살겠는가? 세상이 원하는 방식으로 살겠는가? 하나님께서 원하시는 선교를 하겠는가? 아니면 내가 원하는 선교를 하겠는가?

몽골 울란바토르에서 사업하는 B사장은 내가 몽골에 입국한 후 1년 뒤 한국에서 들어온 분이었다. 우리 YWAM팀의 몇 사람이 B사장에게 비즈니스에 바로 올인all in하지 말고 우선 몽골어와 현지 문화를 배우라고 권유했다. 그는 받아들이고 우리들의 도움을 받아 열심히 몽골의 언어와 문화를 익혀갔다. 그러다 1년 6개월이 지나서야 비즈니스를 시작했다.

B사장의 첫 비즈니스는 너무나 더디게 갔다. 왜냐하면 몽골 정부에 세금을 정직하게 내느라 순수익을 많이 보지 못했던 것이다. 그러나 포기하지 않고 인내함과 정직함으로 경영을 이어갔고, 그의 사업은 놀랍게 성장했다. 몽골의 한국인 기업 수백 개 중에 매출 5위 안에 드는 기업으로 탈바꿈 했고, 몽골 정부로부터 모범적인 세금납부 기업으로 선정되기도 했다. 후에 B사장은 우리 팀이 시골교회를 개척하는데 건물과 땅을 헌물하며, 비즈니스 선교를 하기도 했다.

탈무드에 보면 이런 이야기가 있다. 어떤 사람이 외투를 샀는데 안주머니를 열어보니 커다란 보석이 있었고, 때마침 그것을 본 사람은 아무도 없었다.

"야, 횡재했구나. 외투뿐만 아니라 이렇게 큰 보석을 얻다니!"

그런데 하룻밤을 자고 이틀 밤 자고 나니 그는 마음이 괴로워서 견딜 수가 없었다.

'주인에게 돌려줘야 하는데, 돌려줘야 하는데….'

이렇게 고민하다가 랍비에게 가서 물어본다.

"선생님, 제가 외투를 샀는데 그 안에 큰 보석이 들어 있습니다. 어떻게 해야 합니까?"

그러자 랍비는 이렇게 답변한다.

"네가 그 외투를 샀지, 보석을 산 게 아니니 보석은 도로 갖다 줘라. 보석을 돌려줄 때는 반드시 네 아들을 데리고 가라. 그러면 보석보다 더 큰 보석을 얻게 될 것이다. 그 보석의 이름은 정직이다."

하얀 지붕 이야기

"우리는 용서할 수 있는 능력을 길러 나가야 합니다. 용서할 줄 모르는 사람은 사랑할 줄도 모릅니다. 최고로 극악무도한 사람에게도 착한 면이 있고, 최고로 성인군자 같은 사람에게도 악한 면이 있는 법입니다. 만약에 우리가 이러한 사실을 깨닫는다면 원수를 미워하는 일이 훨씬 줄어들 것입니다. 용서는 결코 일시적인 행위가 아닙니다. 그것은 영속적인 삶의 자세입니다."
― 마틴 루터 킹 주니어(Martin Luther King Jr.)

다르항 왕의 자녀 유치원 아이들이 새 유치원 건물을 놓고 중보기도를 시작했다. 이전 유치원은 아파트를 개조해 만든 건물이라 아이들이 마음껏 뛰어놀 수 있는 새 유치원이 필요했다. 하나님께서는 채 1년이 되지 않아 넓은 마당이 있는 큰 건물을 우리에게 허락하셨다.

유치원 아이들과 K선교사를 비롯한 선생님, 우리 사역자들이 함께 기도해서 받은 축복의 건물이었다. 모두가 신실하신 하나님을 찬양하며 그분의 행하심을 자랑했고, 건축기술자들과 더불어 P간사, N간사, T간사 등 모든 간사가 힘을 내어 리모델링을 시작했다.

그런데 리모델링이 끝나갈 무렵 큰 문제가 하나 생겼다. 유치원 건물은 미국에 사는 P집사와 Y성도의 후원으로 약 1,500만 원에 구입했고, 수리 보수공사와 리모델링의 비용, 약 8,500만 원은 유치원 원장 N선생의 딸 수술비를 지원한 P집사와 우리 부부, K선교사가 함께 후원을 일으켜 받은 하나님의 선물이었다. 문제는 그 큰 재정이 들어간 유치원 건물과 땅 문서가 가짜라고 밝혀진 것이었다. 청천벽력 같은 일이었다. 하나님의 도움과 지혜를 구하지 않을 수 없는, 절체절명의 사건이 우리 눈앞에서 벌어진 것이다.

고민 끝에 어쩔 수 없어 도지사의 힘을 빌리기로 했다. 여기서 잠깐, 도지사의 힘을 빌린다고 하니 이상하게 들릴지 모르겠다. 사실 도지사와 시장은 나와 아주 가까운 사이였다. 일주일에 한 번씩 전화해 이런 저런 얘기를 주고받곤 했다.

"미스터 박, 잘 지내는가? 뭐 도움이 필요하면 언제든지 나를 불러요. 내가 다 해결해 줄 수 있으니까 말이야."

"예, 감사합니다. 도지사님 덕분에 별 어려움 없이 지내고 있습니다. 그러나 언젠가는 한 번 부탁할 일이 있을 것 같습니다. 타국에서 외국인이 단체를 운영한다는 것이 쉽지 않아서요."

사실 몽골의 수도국, 전기공사, 소방서, 경찰서, 관공서, 동사무소,

병원, 교육청 등 모든 곳이 우리에게는 생소하고 어려운 관문이었다. 그러나 하나하나 어려운 늪지대를 헤쳐 나가며 일처리 과정을 배우게 되었다. 만약 도지사와 시장만을 의지해서 사역했다면 쉽게 일할 수 있었을 것이다. 그들의 도움으로 어려움을 잠깐 모면할 수도 있었을 것이다.

하지만 공권력을 사용하여 된다면, 하나님이 기뻐하실까? 아니다. 이것은 절대 하나님의 방법이 아니다. 우리 선교사들이 떠난 후 현지인들이 모든 사역을 맡았을 때 어려움이 닥칠 수 있다. 그때 그들은 하나님을 찾을까? 아니면 도지사와 시장을 찾을까? 결과는 불 보듯 뻔했다.

그럼에도 이번에는 도지사를 찾았다. 내가 그에게 도움을 요청한 것은 이것이다.

"도지사님! 큰일 났습니다. 우리가 구입한 유치원 건물의 땅문서와 건물 문서가 가짜라고 합니다."

그러자 도지사는 이런 날을 기다렸다는 듯이 큰소리 치며 말했다.

"그래 누구야! 내가 그놈을 당장 교도소에 넣어야겠어."

하지만 나는 도지사에게 다른 요청을 했다.

"도지사님, 죄송합니다만 도지사님의 권력을 사용하지 않고, 합법적으로 일을 처리할 수 있도록 도와주십시오. 다르항 시에서 가장 유능한 변호사를 소개해 주세요."

그 변호사를 통해서 이 일을 처리하고자 함이었다. 나의 의중을 알아차린 도지사는 울란바토르 대학 법대를 수석으로 졸업하고, 약 3천

건의 사건을 승소로 이끈 경험이 많은 변호사를 소개해 주었다. 그 변호사를 만난 자리에서 나는 단호하게 말했다.

"변호사님, 이 사건을 해결해 주십시오. 변호사비는 현 시세에 맞게 다 드리겠습니다. 단, 당신이 가지고 있는 합법적인 방법으로 유치원 건물 문서가 가짜라는 것을 밝혀 주시고, 그 사기꾼을 교도소에 넣어 주십시오."

결과는 성공적이었다. 그 변호사는 N간사와 함께 이 일을 맡아서 땅과 건물 문서의 원본을 받아 우리에게 넘겨주었고, 그 사기꾼은 징역 7년을 받아 구치소에서 교도소로 갈 준비를 하고 있었다.

그런데 하나님께서 내게 다시 말씀하셨다.

"해영아, 그 사기꾼 풀어주고 용서해줘라. 너 여기 왜 왔니? 몽골 사람들을 사랑하고 섬기러 왔지?"

"예. 주님"

"그럼 사랑으로 용서하고 풀어주어라. 사랑한다, 해영"

하나님은 사랑이시다. 과연 누가 사랑스러운 주님의 음성을 거부할 수 있을까?

모든 일이 끝난 다음 며칠이 지나 N간사에게 말했다.

"변호사에게 연락해서 그 사기꾼을 석방시켜 달라고 하세요."

이 이야기를 전해 들은 변호사는 어이없어했다고 한다.

"너희 외국 선생 제정신이냐? 그렇게 고생해서 범인을 잡았는데 왜 풀어주라는 말이냐?"

그의 반응은 예상한 바였다.

나를 놀라게 한 건 N간사의 답이었다.

"우리는 예수를 믿는 사람입니다. 땅문서와 건물 문서의 진본을 찾았으니 그분을 용서하겠다는 말입니다."

아멘! 하나님이 사랑이시니 우리도 사랑이다. N간사 역시 이를 깨닫게 된 것이다.

도지사도 이 사건의 경위를 듣고 내게 전화를 했다.

"미스터 박, 어떻게 된 일입니까? 왜 그렇게 했어요?"

"예, 그렇게 되었습니다. 도와주셔서 감사합니다. 도지사님"

모두 우리를 이해할 수 없다는 반응이었지만, 우리는 그것이 하나님의 방법임을 확신했다. 변호사는 사기꾼을 방면할 방법을 가르쳐 주었고, 그가 알려준 대로 우리의 입장을 적은 편지를 구치소에 보냈다.

"이 모든 일이 정상대로 되었기 때문에 저희는 어떤 상한 마음도 없음을 알립니다. 다시는 이런 일을 하지 못하도록 경고하고 훈방해 주십시오."

우리는 그를 용서하기로 했다. 물론 변호사 비용을 많이 물어야 했다. 그러나 이 사건을 통해서 우리는 하나님을 더 깊이 신뢰하게 되었고, 합법적으로 정직하게 일하는 법도 배우게 되었다. 더 감사한 것은 도지사와 시장의 마음까지 사게 된 것이다. 몽골 다르항 위정자들에게 YWAM 다르항이 얼마나 몽골사람들을 사랑으로 섬기고자 했는지 알리는 계기가 된 것이다.

너희는 모든 악독과 노함과 분냄과 떠드는 것과 비방하는 것을 모든 악의와 함께 버리고 서로 친절하게 하며 불쌍히 여기며 서로 용서하기를 하나님이 그리스도 안에서 너희를 용서하심과 같이 하라

(엡 4:31-32)

정직한 나라가 될 수 없나요?

요시야가 왕위에 오를 때에 나이가 팔 세라 예루살렘에서 삼십일 년 동안 다스리며 여호와 보시기에 정직하게 행하여 그의 조상 다윗의 길로 걸으며 좌우로 치우치지 아니하고 아직도 어렸을 때 곧 왕위에 있은 지 팔 년에 그의 조상 다윗의 하나님을 비로소 찾고 제십이년에 유다와 예루살렘을 비로소 정결하게 하여 그 산당들과 아세라 목상들과 아로새긴 우상들과 부어 만든 우상들을 제거하여 버리매

(대하 34:1-3)

다르항시에서 운행되는 차는 매년 울란바토르에서 차량 등록을 해야 한다. 우리도 YWAM 단체 차량과 개인 차량을 등록해야 했다. 화요모임을 마치고 수요일 아침 일찍, YWAM 다르항 베이스의 차를 타고 수도 울란바토르로 향했다.

다르항과 울란바토르는 차로 3시간 정도 소요되는 거리이다. 울란바토르로 가는 도로 양쪽으로 펼쳐진 초목과 손에 잡힐 듯 낮게 뜬

뭉게구름, 좋은 풀을 먹으러 줄지어 초원으로 출근하는 수백 마리의 양과 염소, 말 떼는 몽골의 정취를 느끼기에 충분했다. 그렇게 자연을 벗 삼아 울란바토르로 가는 길에 몽골 화요모임 찬양앨범 1집을 듣노라면, 이곳이 바로 지상 천국인가 착각이 들 정도이다.

황홀한 시간도 잠깐, 드디어 자동차 등록처에 도착했다. 등록하고 벌금도 내야 했다. 여러 사역을 섬기느라 자동차 등록 기간을 잊은 것이다. 사역이 바빠서 미처 차에는 신경을 쓰지 못한 우리 모두의 잘못이었다. 등록처 앞에서 벌금이 얼마나 나왔는지 확인했더니 4만 투그릭(T, 몽골 화폐)으로 한화로 4만 원 정도였다. 바로 그 자리에서 4만 투그릭을 지급했는데도 담당 교통경찰이 내일 와서 차등록증을 받아가라고 했다. 할 수 없어 우리는 그날, 울란바토르에서 1박을 하게 되었다.

울란바토르는 인구 100만 명이 넘는 곳이다. 10년 전만 해도 인구가 70여만 명에 불과했지만, 몽골 시골에서 많은 사람이 수도 울란바토르로 이주하며 인구가 증가했다. 도시 주변에는 몽골 전통 텐트가옥이 즐비하게 세워졌고, 판자촌들도 군데군데 무리를 지어 마을을 만들었다.

그런데 문제는 그들이 사용하는 땔감인 석탄이 화산 분지인 울란바토르 수도의 공해를 더 부추긴 것이다. 울란바토르 서민이 사는 지역에서 사역하는 선교사의 자녀들이 천식으로 고생한다는 소식, 그 선교사가 개척한 교회의 성도 중 폐렴으로 죽는 사람도 있다는 소식이 들려왔다. 그래서일까. 울란바토르에서 하룻밤을 지낼 때 우리는 숨쉬기가 어려웠다. 빨리 시골 다르항으로 가기를 원했다. 그러나 자동차 등록증을 받아야 차 운행을 할 수 있으니 어쩔 수 없이 울란바토르에 유해야 했다.

그다음 날 아침이 되어 차량 등록처에 갔다. 그런데 내일 오라고 했던 경찰은 또다시 내일 다시 오라고 했다. 그래서 그다음 날 다시 갔더니 다음 주 월요일에 오라는 것이 아닌가? 얼마나 화가 나던지 누군가 내 머리에 고춧가루와 후춧가루를 섞어서 왕창 뿌리는 것 같았다. 하지만 어쩌겠는가. 화가 난 마음을 억누르고 다르항으로 돌아올 수밖에 없었다.

그리고 약속한 일주일 후에 다시 울란바토르 등록처에 갔다. 그런데 또 내일 오라는 것이다. 결국 더는 기다릴 수가 없어 같이 갔던 현지인 지도자 N간사에게 물었다.

"혹시 간사님 가족이나 친척 중에 좀 도와줄 사람 없어요?"

N간사는 누나에게 긴급 SOS를 쳤고, 누나는 동생을 돕기 위해 등록장으로 출동했다. 누나는 등록장 주변을 한 바퀴 휙 돌아보더니 상황을 금세 파악했다. 3만 투그릭만 경찰에게 뒷돈으로 챙겨주면 다 해결된다는 것이다. N간사는 그렇게 해서라도 등록증을 받아야 하지 않겠냐며 나에게 넌지시 물었다. 나는 N간사에게 이렇게 도전을 주었다.

"혹시 간사님도 누나와 같은 생각입니까? 당신은 화요모임 찬양 인도자에 제자훈련학교 강사, 교회 책임자라는 직책을 가지고 성도나 학생에게 정직을 가르쳐야 할 사람 아닙니까? 그런 생각을 가졌다면 바로 마음을 고치세요!"

로마서 12장 1~2절에서 사도 바울은 이 세상의 풍조를 따르지 말 것을 당부한다. 우리는 하나님의 나라를 섬기는 하나님의 종들인데 어찌 이런 일에 타협한단 말인가! 당연히 그럴 수 없다.

N간사의 누나는 이렇게 반응했다.

"너의 선교사님, 정말 이상한 사람 아니냐? 왜 그렇게 고지식하냐. 정말 사서 고생이다."

그러자 N간사가 누나에게 이렇게 말을 건넸다.

"누나! 우리는 정직하게 살아야 해. 좀 이해해 줘."

그렇다. 우리는 손해를 보더라도 정직하게 살아야 한다. 그러나 아쉬운 마음은 감출 수 없었다.

"혹시 아는 사람 중에 정부에 있는 높은 사람 없어요? 있으면 진정서를 제출하고 싶은데 안타깝네요."

그때 N간사가 갑자기 무언가 생각난 듯했다.

"선교사님! 제 양아버지가 정부에 관련된 일을 하세요!"

"그래요? 그렇다면 그분께 말씀드려서 검은손의 힘을 빌리지 말고, 합법적인 절차로 해결해달라고 부탁을 드리면 어떨까요?"

"예, 해보겠습니다. 그런데 장담은 못 하겠네요…."

N간사는 아버지께 급히 전화를 걸었고, 그의 아버지 역시 이해할 수 없다는 반응이었다.

"아들, 뭐 그런 것까지 나한테 부탁을 하냐? 네 누나 말대로 3만 투그릭만 쥐어주면 간단하게 해결될 일인데 뭘 그리 복잡하게 그러냐.

너희 선교사님 정말 왜 그러시냐?"

이렇게 몽골에도 자본주의의 타협과 거짓이 팽배하게 온 나라를 덮고 있었다. 이것은 재물의 신인 맘몬Mammon의 역사가 분명하다. 맘몬 신이 몽골 안에 깊숙이 들어와 국민을 혼란케 하는 것이다. 재물의 다스림을 받을 것인가? 아니면 재물을 다스림으로 하나님의 역사를 이룰 것인가? 우리는 중요한 시점에 와 있었다.

> 음심이 가득한 눈을 가지고 범죄하기를 그치지 아니하고 굳세지 못한 영혼들을 유혹하며 탐욕에 연단된 마음을 가진 자들이니 저주의 자식이라 그들이 바른 길을 떠나 미혹되어 브올의 아들 발람의 길을 따르는도다 그는 불의의 삯을 사랑하다가 자기의 불법으로 말미암아 책망을 받되(벧후 2:14-16)

우리는 결단했다. 발람의 길을 쫓지도 않고, 다른 이들이 발람의 길로 가도록 버려두지도 않기로 말이다. N간사는 담대한 목소리로 아버지에게 선포했다.

"아버지, 우리 선교사님과 저는 정직하게 살려고 발버둥을 치고 있습니다. 아버지, 몽골은 왜 정직한 나라가 될 수 없습니까? 우리 몽골이 정직한 사람이 잘 살 수 있는 나라가 되도록, 제발 도와주세요."

그렇다. 몽골도 변화해야 한다. 정직한 사람이 잘 살 수 있는, 정직한 나라가 돼야만 한다. N간사의 아버지는 아들의 간곡한 말에 감동을 했는지, 자동차 등록처가 위치한 경찰서 서장에게 곧바로 전화

했다.

"서장님! 자동차 등록처에서 일하는 그 경찰에게 물어봐 주세요. 외국인 단체장이 벌금도 내고 차량 등록도 했는데 왜 아직 자동차 등록증을 안 주는 건가요? 지방에서 살고 있는데 일 처리를 빨리해서 보내야죠. 무슨 문제가 있는지 알아봐 주세요. 우리나라는 정직한 나라가 될 수 없나요? 우리도 정직한 나라 좀 만들어 봅시다!"

그다음 날, 자동차 등록처에 갔더니 다른 경찰이 정중하게 등록증을 내주었다. 우리를 힘들게 했던 그 경찰은 직무 유기로 다른 곳으로 발령받아 일하고 있다는 소식을 나중에 들었다.

우리가 다르항에서 자동차 등록증을 받기 위해 수도 울란바토르를 오가며 사용된 경비는 40만 투그릭이 넘었다. 이는 2004년 기준으로 몽골 일반 노동자의 4개월 치 월급이다. 그때 돈으로 3만 투그릭만 그 경찰의 뒷주머니에 찔러 주었으면, 40만 투그릭이나 절약할 수 있었다. 그러나 우리는 그렇게 하지 않았다. 우리는 주님의 자녀이기 때문이다.

그 당시 화요모임에는 매주 200~250명의 사람이 모였다. 다르항 시의 20개 교회 지도자와 하나님을 찬양하고 열방을 위해 기도하고 싶은 모든 사람이 함께 모여, 하나님을 찬양하며 기뻐 춤을 추고 뛰기도 했다. 하나님의 말씀을 듣고 함께 눈물로 기도했다. 매주 화요일마다 나는 하나님의 성품을 강의했다. 그냥 쉽게 3만 투그릭을 뇌물로 주고 등록증을 받았다면, 어떻게 그들 앞에서 거리낌없이 정직하신 하나님의 성품을 가르칠 수 있겠는가?

나는 다르항으로 돌아와 화요모임 설교 중에 그 이야기를 나눴다. 경찰에게 3만 투그릭의 뒷돈을 주지 않고, 정직한 방법으로 차량 등록증을 받느라 한 주간 교통비와 숙식비가 총 40만 투그릭이 들었노라고 말했다. 그러자 모인 무리는 모두 깜짝 놀랐다. 왜 놀랐던 건지 그 이유는 모르겠다. '선교사가 하나님의 방법대로 사는구나….'라고 감격해서 그랬는지, 아니면 '그냥 3만 투그릭만 주면 쉽게 해결될텐데…. 돈이 아까워.'라고 그랬는지는 정확히 모르겠다. 그러나 설교를 마칠 즈음, 그들과 나는 하나님 앞에 무릎을 꿇고 회개했다.

우리는 죄에 대해서 얼마나 무감각한 삶을 살고 있는가? 그 답은 우리가 더 잘 알 것이다. 화요모임에 앉아 있는 모든 사람이 '나는 하나님의 자녀, 하나님의 종이다'라고 스스로 인정한다. 그렇다 하더라도 그 삶에 변화가 없다면, 어떻게 하나님께서 그들을 축복의 통로로 사용하실까? 이날의 회개를 기점으로 다르항의 영적인 흐름은 거룩하게 바뀌기 시작했다.

맘몬(Mammon) 다스리기

그러므로 염려하여 이르기를 무엇을 먹을까 무엇을 마실까 무엇을 입을까 하지 말라 이는 다 이방인들이 구하는 것이라 너희 하늘 아버지께서 이 모든 것이 너희에게 있어야 할 줄을 아시느니라 그런즉 너희는 먼저 그의 나라와 그의 의를 구하라 그리하면 이 모든 것을 너희에게 더하시리라 그러므로 내일 일을 위하여 염려하지 말라 내일 일은 내일이 염려할 것이요 한 날의 괴로움은 그 날로 족하니라
(마 6:31-34)

매년 여러 전도 여행팀이 YWAM 다르항 베이스를 방문한다. 그 팀들을 정성껏 섬기고 나면, 잘 섬겨주어서 감사하다며 감사카드와 헌금을 하시기도 했다. 그 재정에는 사역을 위한 지정헌금도 있지만 개인적으로 휴가나 자녀들을 위해 사용하라고 주신 헌금도 더러 있었다. 십수 년 동안 다녀간 전도 여행팀이 우리에게 개인적으로 사용하라고 준 재정도 꽤 된 것 같았다. 아무도 이 재정에 대해 불만을 품는 사람이 없었다. 수고의 대가로 받는 것이 당연하다고 생각했다.

그러나 우리는 한 가지를 결단했다. 전도 여행팀이 개인적으로 감사하다고 주는 헌금 1불도 우리 가정을 위해 쓰지 않고, 팀 본부의 전대에 넣기로 한 것이다.

사실 1차 선교 기간에는 팀들이 주면 주는 대로 모든 재정을 감사함으로 받았다. 하나님께서 우리의 필요를 아시고, 여러 전도 여행팀을 통해 공급하신다고 믿었다.

그런데 언제부터였을까? 전도 여행팀이 하나님이 보내신 사람들이 아니라 돈으로 보이기 시작했다. 내안의 속물 근성이 나를 휘감았다.

하나님과 재물을 겸하여 섬길 수 없느니라(눅 16:13)

이 재물이 맘몬으로 번역되기도 하는데 재물의 신을 뜻한다 '맘몬', 이 재물이 선교사의 본질을 흐리고 있었다. 내 안에도 어느새 맘몬이 꽉 들어차 있던 것이다.

'이번 전도 여행팀을 잘 섬기면 나에게 좋은 것이 주어지겠지.'

사실 이런 기대감으로 섬긴 적도 여러 번 있었다. 이런 순수하지 못한 마음이 나의 믿음을 흔들어놓았다. 현지인 사역자들도 같은 마음이었을 것이다. 한국팀이 오면 한국어를 잘하는 현지인 사역자가, 영어권에서 팀이 오면 영어를 하는 사역자가 그 팀을 통역으로 돕게 된다. 한번 전도 여행팀이 왔다 가면 그 팀을 섬긴 현지인 사역자는 재정이 풍성해졌다. 새로운 핸드폰이나 시계, 심지어 컴퓨터까지 선물을 받기도 했다. 전도 여행팀을 섬김으로 재정을 받는 것이나 선물을 받는 것이 무슨 죄겠는가? 그러나 재물이 전도 여행팀을 섬기는 사역자의 눈과 마음을 흐리게 할 수 있으므로 조심해야 한다.

선교사나 현지인 사역자들이 전도 여행팀의 마음을 본의아니게 조정하는 때도 가끔 있다.

"와, 이거 어디서 사셨어요?"

"얼마예요?"

"안식년에 가면 사야지."

전도 여행팀이 가져온, 처음 본 물건에 마음이 팔릴 때가 있다. 나도 연약한 사람이다. 하지만 물어보지 말았어야 했다. 이렇게까지 대화가 오가다 보면, 결국 전도 여행팀은 자신이 가져온 물건을 선교사나 현지인 사역자에게 줄 수밖에 없게 된다. 전도 여행팀원이 전도 여행을 마치고 돌아가면서 자신이 가지고 있던 컴퓨터나 시계, 핸드폰 등을 선교사님이나 현지인 사역자에게 공급해주는 경우도 있다. 좋은 일이다. 선물로 받는 것은 감사한 일이지만, 순수하지 못하게 이런 일들이 자주 반복된다면 우리 선교사의 눈을 어둡게 만드는 걸림돌이 될 수도 있다. 현지인 사역자도 마찬가지이다.

그래서 현지인 사역자들과 외국인 사역자들에게 나의 이런 마음을 나눴다. 앞으로 전도 여행팀이 와서 우리에게 수고하고 잘 섬겨주었다고 주는 재정은 모두 본부 회계 담당자에게 전달하자고 제안했다. 내 설명을 다 들은 사역자들은 좋은 마음으로 이 제안을 받아들였다.

우리는 전도 여행팀을 하나님이 보내신 사람들임을 다시금 마음에 새겼다. 팀을 섬길 때 아름다운 섬김의 정신으로 잘 섬겨서 함께 하나님의 공동체를 세워나가자고 기도했다. 한국어나 영어에 서툴던 사역자들이 언제부턴가 영어나 한국어를 열심히 배우기 시작했다. 그 이유가 무엇일까? 그것은 전도 여행팀과 더 깊은 교제를 나누기 위함이었다. 그들을 더욱 사랑하고, 그들에게 더욱 사랑받기 위함이었다. 외국인 사역자들도 마찬가지였을 것이다. 현지인들과 외국인 선교사들은 이제 전도 여행팀을 우리가 필요한 물건을 가져오는 사람들로 보지 않게 되었다. 하나님의 사람으로 보기 시작한 것이다. 그리고 진심으로 팀을 반기며 기뻐했다.

한번은 T간사와 내가 함께 전도 여행팀을 맡은 적이 있는데, 팀이 떠나면서 그 팀의 집사 한 분이 100불을 T간사의 주머니에 넣어준 일이 있었다.

"박 선교사에게 말하지 말고 간사님이 개인적으로 필요한데 써요!"

T간사에게 그 말을 전해 듣자마자 바로 이렇게 대답했다.

"그랬군요. 그럼 본부 회계팀에 전달하면 되겠네요. 아쉽죠? 간사회비도 내야 하고, 휴대폰 요금도 내야 하고, 필요한 것도 사야 하는데…. 사실 나는 어제 그 팀으로부터 1,000불이나 받았어요. 나도 재정이 많이 필요하지만 우리가 정한 이 규정을 잘 지킵시다. 하나님께서 반드시 간사님을 기억하실 겁니다."

나와 아내는 전도 여행팀과 현지인 사역자들을 위해 늘 두 손 모아 기도한다.

"주님, 전도 여행팀을 하나님의 마음으로 순수하게 잘 섬길 수 있도록 도와주심에 감사드립니다. 우리 현지인 간사들과 선교사들에게 필요한 것은 다른 방법으로 공급해주세요."

이 기도 소리를 신실하신 하나님께서 들으셨다. 우리가 결단한 후 얼마 있지 않아 우리의 기도는 응답되기 시작했다.

현지인 사역자들이 태국에서 열리는 국제 간사총회에 참석하게 된 것이다. 우리 사역자 중 몇 명은 국제 워크숍에도 참석하게 되었고, 몇 명은 제주도 열방대학에서 공부하며 간사로 섬기는 축복을 받기도 했다. 이 모든 재정은 우리 YWAM 다르항 베이스에서 나온 것이 아니다. 그렇다고 내가 후원을 일으켜서 그들에게 공급한 것도 아니다. 현지인 사역자들이 하나님께 간구하면서 후원을 일으켰을 때 가족과 친척들 그리고 한국으로 돌아간 전도 여행팀의 지원이었다.

또한 학교에서 장학금을 받기도 하고, 태국 컨퍼런스 본부에서 참가비를 면제해 주기도 했다. 하나님은 그렇게 일하셨다.

미국에서 온 한 전도 여행팀이 떠나기 전 내게 8,000불을 헌금하신 적이 있다.

"선교사님께서 알아서 사용하세요."

아내와 나는 이 재정을 놓고 기도했다.

"하나님 이 많은 재정은 무엇입니까? 혹시 하실 일이 있으십니까?"

그 당시 10년 된 어르홍 교회는 너무 낡아서 신축이 필요했다. 이를 위해 사역자들과 상의를 하던 중이었다. 아내와 나는 하나님께서 어르홍 교회를 위해 이 재정을 주셨다 믿고, 미국으로 돌아간 팀에게 어르홍 교회의 신축 계획을 나누었다. 그 팀도 기뻐하며 우리와 한마음이 되었고, 교회는 아름답게 다시 세워졌다.

이렇게 시간이 많이 흐른 후 T간사는 목사가 되었고, YWAM 다르항 베이스의 책임자가 되었다. 우리가 추방된 이후에 YWAM 다르항은 재정적으로 많은 고생을 했다. T목사도 중간에 그만두려고 내게 몇 번이나 상담했었다. 그러나 T목사는 포기하지 않고, 끝까지 하나님을 신뢰하고 나아갔다. 그 모습을 보며 나는 하나님께 너무 감사했다.

미국에 있을 때, 나와 아내는 늘 YWAM 다르항 베이스와 T목사를 위해 기도했다. 하나님께서는 몇 해에 걸쳐 그들이 재정의 축복을 받고, 사역이 확장되는 것을 보게 하셨다. 지금도 우리 부부는 동아시아의 다른 지역에서 사역 중인 전 세계의 선교사들을 위해 열심히 중보기도 중이다.

  재정은 우리의 삶과 사역에 꼭 필요하다. 하지만 절대 재정에 다스림을 받아서는 안 된다. 하나님과 돈을 겸하여 섬길 수 없다고 분명히 말씀하셨기 때문이다. 금도 하나님의 것이고, 은도 하나님의 것이다. 만물을 다스리듯 재물 또한 하나님의 뜻 안에서 지혜롭게 다스려야 한다.

  절대 잊지 말아야 한다. 하나님은 맘몬 위에 계신 분이다.

Stop Sign

일곱 번째
쉼표

우는 자들과
함께

할머니의 특별한 유언

하나님이 이르시되 이리로 가까이 오지 말라 네가 선 곳은 거룩한 땅이니 네 발에서 신을 벗으라(출 3:5)

여호와의 군대 대장이 여호수아에게 이르되 네 발에서 신을 벗으라 네가 선 곳은 거룩하니라 하니 여호수아가 그대로 행하니라(수 5:15)

다윗이 감람 산 길로 올라갈 때에 그의 머리를 그가 가리고 맨발로 울며 가고 그와 함께 가는 모든 백성들도 각각 자기의 머리를 가리고 울며 올라가니라(삼하 15:30)

오래전에 H국 광장에서 우리 400여 명의 전도 여행팀은 그날 아침의 묵상대로 '신을 벗고' 맨발로 그 광장을 돌면서 중보기도를 했다. 복음을 전파하기에 자유로운 국가는 아니었지만 전도 여행을 아주 은혜롭게 마친 기억이 있다.

하나님은 모세에게 '네 신을 벗으라'고 하셨다. 모세가 살던 시대에 신을 벗는다는 의미는 '저는 종입니다', '제가 스스로 할 수 있는 것이 없습니다'라는 의미이다. 하나님의 군대 장관도 여호수아에게 '네 발에서 신을 벗으라'고 말했고, 다윗은 스스로 아들 압살롬 앞에서 신을 벗었다.

하나님은 모세와 여호수아에게 말씀하실 때 문화와 상황에 맞게 말씀하셨다. 그래서 그들은 '신발을 벗으라'고 하신 게 무슨 뜻인지 100% 이해했다. 네 권리를 포기하라는 것이다. 하나님은 우리를 사용하고 싶으실 때 이렇게 신을 벗기신다. 신을 벗기시는 이 시간은 하나님이 우리에게 주시고자 하는 카이로스의 시간이다. 하지만 이 '권리 포기'는 인생을 포기하라는 의미가 아니다. 이는 마치 두 걸음을 나가기 위해 일보 후퇴하는 것과 같다.

내게도 이 '권리 포기'에 대한 하나님의 요구가 있었다. 바로 V할머니의 죽음과 관련된 일이다.

V할머니는 나와 P간사, T간사가 알탕볼락Altanbulag교회를 시작할 때 개척 멤버였다. 하나님을 사랑하고 열정적으로 교회를 섬겼던 할머니였다. 그 할머니의 쌍둥이 딸 역시 알탕볼락 교회를 섬기는 리더 그룹의 일원이기도 했다. 그런데 그 할머니가 돌아가신 것이다. V할머니의 죽음은 전 마을 주민들을 슬픔에 잠기게 했다.

"내 장례식은 기독교식으로 박 선교사가 집례 했으면 좋겠어."

V할머니는 이 특별한 유언을 남기고 하늘나라에 가셨다. 몽골에서 장례식을 기독교식으로 하는 것은 절대 흔한 일이 아니다. 보통은 샤머니즘이 섞인 라마 불교식으로 장례식을 치른다. 몽골에 온 후 현지인 장례식에 많이 참석해 보았지만, 한 번도 기독교 장례식을 본 적이 없었다. 그 때문에 이런 요청을 받고 내심 기쁘면서도 걱정이 앞을 가리기 시작했다.

한 가지 문제가 더 있었다. 그 장례식 날이 하필이면 우리 가족이 일 년에 한 번 휴가를 가는 날이었다. 집례를 나에게 맡겨주신 것은 감사했지만 휴가만 기다렸을 가족을 생각하면 마음이 답답했다. 선교사들은 대부분 휴가 기간에 일이 생기면 하나님께 휴가를 반납하고는 한다. 우리 가족도 매년 그런 일들이 많았다. 그래서 더 이 휴가를 포기하기가 쉽지 않았다.

휴가를 바로 하루 앞두고 들뜬 마음을 주체할 수 없던 토요일 아침, 열심히 가방을 챙기던 예진과 예빈 그리고 아내의 마음에 찬물을 끼얹는 전화벨 소리가 들려왔다.

"따르릉, 따르릉"

"여보세요? … 뭐라고? … 할머니께서 나더러 장례식을 기독교식으로 인도하라는 유언을 남기셨다고? … 그래, 알았어…."

전화를 걸었던 사람은 알탕볼락 지도자 A형제였다. A형제는 내게 V할머니가 남기신 유언을 얘기해주었다. 내가 큰 소리로 전화 응대를 한 것은 사실 아내와 아이들에게 이 말을 전하기 위함이었다.

"우리, 이번 휴가 못 가게 되었다."

간접적이지만 다소 잔인한 통보였다. 전화기를 내려놓고 나니 아이들과 아내는 내 입에서 무슨 말이 나올지 이미 알고 있는 듯했다.

'불쌍한 아내와 아이들. 남편, 아빠를 잘 만나야 휴가도 가지….'

왠지 마음속에 죄책감이 생겨 가족들의 눈치를 봤다.

"여보, 얘들아! 이런 사정이 생겼는데 그 장례식이 수요일이란다. 어쩌면 좋지? 여보가 가지 말라고 하면 안 갈게."

아이들과 아내의 어깨는 축 처져서 한동안 아무 말도 하지 못했다. 휴가를 기대하고 준비했던 터라 실망은 했지만, 아내는 하나님의 일이 우선인 줄 아는 사람이다.

"그래요. 여보, 장례식에 가야지요. 우는 자들과 함께 울어야지요. 우리가 그런 일 때문에 여기 와 있잖아요."

"그래요. 아빠! 가셔야지요."

아이들도 아내를 따라 응원과 격려를 해주었다. 나는 너무나 미안해서 아무 말도 하지 못하고 하루를 보냈다.

그날 저녁, 불현듯 예전 기억이 떠올랐다. 1993년 어느 날, 몽골 울란바토르 A교회를 섬기는 현지인 지도자의 아버지가 돌아가셨다. 당시 그 장례식에 참석해달라고 요청받은 한인 선교사와 서양 선교사의 반응이 생각난 것이다.

"저…. 아버지가 돌아가셨습니다. 다음 주 월요일에 아버지 장례식이 있는데 참석해 주실 수 있으신가요?"

한인 선교사는 듣는 즉시 당연하게 참석하겠다며 허락을 했고, 서양 선교사는 가족과 중요한 약속이 있어 갈 수 없다고 정중히 거절의 말을 건넸다고 한다.

이 경우를 두고 한인 선교사들 사이에서 여러 의견이 분분했다. 화두는 이것이었다.

"누가 진짜 선교사인가?"

사실 두 선교사(한국, 서양)는 월요일을 반드시 가족과 함께 보내는 날로 정했다. 그런데 한 선교사는 가족과 함께 있었고, 다른 한 선교사는 장례식에 참석했다. 한인 선교사 대부분은 장례식에 참석한 그 한인 선교사의 손을 들어 주었다. 진짜 선교사라면 사역(장례식)이 첫 번째가 되어야 하고, 가족은 두 번째에 두는 것이 옳다며 모두 입을 모았다. 나도 그 주장에 손들었던 사람 중 하나였다. 그런데 십수 년이 지난 어느 날, 나에게도 결정을 내려야 할 상황이 찾아온 것이다. 비로소 그 서양 선교사를 조금 이해할 수 있을 것 같았다. 몽골에서 몇 년 동안 휴가 한번 제대로 가지 못하고, 하나님의 사역 속에서 시간을 보낸 가족들을 볼 때마다 내 마음은 항상 불편했다.

'이제야 멋있는 휴가를 보낼 수 있겠구나!'

내심 기쁘고 감사했다. 그런데 다시 사역을 위해 가족을 포기해야 하다니…. 내 마음은 천근만근 무거웠다. 하지만 나로 인해 변화될 영혼들의 모습을 상상하며, 다시 마음을 굳게 다잡았다.

하나님의 나라를 위해 내가 할 수 있는 것들을 포기하고 내려놓는 것이 '권리 포기'이다. 권리 포기는 절대 쉽지 않다. 마치 로또가 당첨됐는데 은행에 가지 않고 그 당첨된 표를 다른 가난한 사람에게 주는 것과 같다고도 할까.

가끔 하나님께서 이 권리 포기를 요구하실 때가 있다. 그럴 때 어떻게 결정하느냐에 따라 하나님의 나라가 세워지기도 하고, 목표했던 일들이 지연되기도 한다. 그러나 하나님의 부르심에 합당한 삶을 살 때 하나님의 뜻과 사랑을 더 많이 이해하고 형통한 삶을 살게 된다.

> 너희 안에 이 마음을 품으라 곧 그리스도 예수의 마음이니 그는 근본 하나님의 본체시나 하나님과 동등됨을 취할 것으로 여기지 아니하시고 오히려 자기를 비워 종의 형체를 가지사 사람들과 같이 되셨고
>
> (빌 2:5-7)

예수님은 하나님의 본체셨지만 하나님의 뜻을 위해 자기를 비워 종의 모습을 취하셨다. 자기를 낮추시고 죽기까지 순종하신 것이다. 포기하는 삶, 하나님의 나라를 위해서 내려놓는 삶은 얼마나 귀한가? 예수님처럼 말이다.

장례식은 수요일에 치르기로 했다. 전날 화요일 밤에 울란바토르 대학의 총장인 Y선교사님에게 기독교 장례의 순서와 절차를 팩스로 보내달라고 했다. 몽골에서 결혼식이나 성례(세례와 성찬)는 자주 인도했지만, 기독교 장례식은 처음이었다. Y총장님은 팩스를 보내고 내게 전화를 하시며 이 말씀을 건넸다.

"박 선교사님, 몽골문화를 존중해 주세요. 몽골 장례식에 아주 좋은 문화가 많습니다."

그분의 조언을 들으니 더 고민이 되었다.

'과연 어떻게 하는 것이 몽골의 문화도 존중하면서 성경에 반하지 않는 장례식을 치르는 것일까? 어떻게 이 장례식을 통해 하나님이 살아계심을 그들에게 알릴 수 있을까?'

정말 의문이었다. 나는 그동안 열여섯 번이나 몽골 전통 장례식에 참석했다. 그러므로 몽골 전통을 따르는 장례 절차에는 많이 익숙했고, 고민은 더 깊어졌다.

하지만 내가 고민한다고 무엇이 달라질까. 어차피 나는 그분의 심부름꾼일 뿐이다. 모든 일은 하나님께서 하실 것이다. 다시 한번 그분의 일하심을 기대하고 기다리며, 러시아 국경 지역에 있는 알탕볼락 군으로 향했다.

우는 자들과 함께 울라

마리아가 예수 계신 곳에 가서 뵈옵고 그 발 앞에 엎드리어 이르되 주께서 여기 계셨더라면 내 오라버니가 죽지 아니하였겠나이다 하더라 예수께서 그가 우는 것과 또 함께 온 유대인들이 우는 것을 보시고 심령에 비통히 여기시고 불쌍히 여기사 이르시되 그를 어디 두었느냐 이르되 주여 와서 보옵소서 하니 예수께서 눈물을 흘리시더라 이에 유대인들이 말하되 보라 그를 얼마나 사랑하셨는가 하며

(요 11:32-36)

T간사와 새벽 4시에 일어나 알탕볼락 교회가 있는 러시아 국경 지역으로 자동차 핸들을 돌렸다. 3시간이 지난 아침 7시가 되어서야 할머니의 시신이 있는 집에 도착했다. 그곳에는 많은 마을주민이 이미 나와 우리만 찾고 있었다. 어림잡아 100여 명 이상이 모였다. 할머니는 그 동네의 유지였다. 그리고 인품이 좋은 분이어서 많은 조문객이 왔다. 마을 주민 중에서는 '예수 중'(몽골 시골에서 선교사와 목사들을 부르는 이름)이 장례식을 어떻게 인도하나 보러 온 사람들도 많았다.

유목과 농업을 병행하는 마을이라 마당 가장자리에는 소 몇 마리와 양들이 풀을 뜯기 위해 나갈 준비를 하고 있었다. 한쪽 편에는 밀 농사에 사용되는 고장 난 트랙터가 우두커니 서 있었다. V할머니의 친척들과 동네 사람은 부엌에서 장례식에 필요한 음식을 하느라 분주했다. 동네 아이들도 아침 일찍 일어나 큰 마당 한구석에서 자기들만의 구역을 정해놓고 장난치며 웃고 떠들고 있었다.

나는 그들과 눈길을 마주치지 않고, 바로 V할머니가 누워있는 방안으로 들어갔다. 그 방 가운데 관이 놓여 있었고, 관 주변에는 아무도 없었다. V할머니의 가족들과 친척들은 모두 나의 말이 떨어지기를 기다리며 문밖에서 대기하고 있었다. 왜냐하면 라마 불교 장례식은 스님의 지시를 따라 집례가 진행되기 때문이다. 나도 그들의 눈에는 일종의 종교 성직자라 그들은 내 말을 곧 법처럼 따라야만 했다.

V할머니의 시신은 관에 넣은 지 나흘이 되어 부패하기 시작했다. 관이 있는 방 전체에서 퀴퀴한 냄새가 토할 것같이 진동했다. 여름철이라 냄새가 고약했고, 관 위에는 선풍기를 틀어놓아 더 참기가 힘들

정도였다. 벽에는 그 할머니의 초상화가 걸려있었고, 천장은 오래된 신문지가 더덕더덕 붙어 있다. 벽지는 오래되어 빗물이 흘러내린 자국이 선명하게 보였다. 방안에는 백열등을 켜서 그런지 슬픈 마음이 더 깊어지는 듯했다.

보통 몽골 장례식에서는 관 뚜껑을 약 50cm 정도 열어둔다. 마지막으로 고인과의 추억을 남기기 위해 가족들과 친척들이 얼굴에 입을 맞추거나 손으로 얼굴을 만지기도 한다. 나는 아무렇지도 않은 듯 열린 관 앞쪽에 서서 문밖에 모여 있는 가족과 친척들을 불러 관 주변에 서게 했다. 그리고 마음속으로 이렇게 기도했다.

'도와주세요, 하나님. 이번 장례예배가 축복이 되는 장례식이 되고, 오늘 드려지는 예배를 통해 많은 사람이 주께로 돌아오게 해주세요.'

전통을 지키면서도 하나님의 살아계심을 알리는 장례식을 치르고 싶었다. 내 간절함에 주님은 그때마다 지혜를 주셨다. 그래서 라마 불교 장례식으로 치면 '스님'이 집례를 하는 시간에만 내가 들어가기로 하고, 몽골의 좋은 예절문화는 그대로 지키기로 했다.

그런데 할머니 시신 앞에 서니 눈물을 감출 수가 없었다. 내 두 뺨에서 쏟아져 내리는 눈물을 누구도 막을 수 없었다. V할머니는 내게 마치 친어머니 같은 분이셨다. 알탕볼락에 말씀을 전하러 갈 때마다 우유 차를 끓여주시고, 다르항으로 돌아올 때면 늘 내 두 손에 오이나 감자 등 먹을 것을 잔뜩 싸주셨다. 마음이 정말 따뜻한 할머니였다.

할머니와의 추억을 생각하니 감정이 너무 복받쳐 올랐다. 내가 눈물을 흘리며 슬퍼하자 모인 가족들도 다 같이 흐느껴 울기 시작했다.

외국인이 몽골인의 어머니, 할머니, 친구의 죽음을 애도하는 일은 거의 드물다. 그래서인지 그들은 감사함에 더 울었는지도 모른다.

나는 슬피 울고 있는 할머니의 가족과 친척들에게 위로의 말을 전했다.

"슬픈 것을 슬프다고 표현하는 것이 건강한 사람입니다. 기쁜 것을 기쁘다고 표현하는 것이 하나님의 창조 질서입니다."

호주 캔버라 YWAM에서 상실에 대한 치료를 공부한 적이 있는데, 그때 배운 '웃음 치료와 울음 치료'가 V할머니 가족에게 큰 도움이 되었다. 모인 모두에게 다시 이렇게 얘기했다.

"너무 슬픕니다. 제가 사랑하는 사람이 이 세상을 떠났기 때문입니다. 이 세상에 살면서 V할머니는 여러분을 위해 모든 것을 희생했습니다. 여러분이 아플 때 함께 아파하셨고, 기쁠 때 함께 기뻐하셨고, 모든 것을 함께 고민하신 할머니셨습니다. 그 할머니가 지금 우리 곁을 떠나셨습니다. 할머니는 알탕볼락 교회와 하나님의 나라를 위해 헌신한 분이셨습니다. 여러분! 할머니를 위해 애도하지 않겠습니까?"

눈물 반 울음 반으로 말을 잇기 어려웠다. 할머니 가족과 친척들은 마치 장마철에 소나기가 쏟아지듯이 대성통곡을 하며 울기 시작했다.

장례식장은 순식간에 눈물바다가 되어버렸다. 사실 몽골 장례식에서 대성통곡하며 우는 것은 예의가 아니다. 그러나 우리는 장례예배 첫 시간에 함께 울었다. 그 후 나부터 시작해서 모든 가족이 할머니의 관 주변을 돌면서 그녀의 얼굴을 만지고, 입과 얼굴에 입맞춤을 하며 각자의 사랑과 애정을 표현했다. 몽골 장례 문화의 관례대로 첫 시간 관 앞에서 해야 할 일을 한 것이다.

　나도 그들과 함께 할머니의 죽음을 애도하며 내 손으로 그분의 얼굴을 만지고 입맞춤을 했다. 내 손이 V할머니 얼굴에 닿는 순간 싸늘한 시신의 체온이 느껴졌다. 그 싸늘함이 내 체온을 낮추는 듯했다. 라마 불교 중은 고인의 가족들이 관 주위를 도는 동안 관 앞에서 알아듣지 못하는 티베트어로 된 불경을 외우곤 한다. 그러나 나는 하나님의 감동으로 그들을 안아주고 싶었다. 장례식을 인도하는 인도자로서가 아니라 할머니를 사랑한 가족으로 예식에 참석했던 것이다.

　사랑하는 사람을 잃어버린다는 것은 슬픈 일이다. 사람마다 다르겠지만 그 슬픈 마음과 상실의 아픔은 한 달 혹은 일 년이 넘게 갈 수도 있다. 그래서 이 세상에 없는 사람으로 인해 슬픈 자가 있다면 마음껏 슬퍼해야 한다. 나사로를 잃은 슬픔에 예수님도 통곡하셨다. 예수님은 하늘의 문화를 모두 버리시고 이 땅에 오셔서 우리와 똑같은 자리에서 우는 자와 함께 우셨다.

> 너희를 박해하는 자를 축복하라 축복하고 저주하지 말라 즐거워하는 자들과 함께 즐거워하고 우는 자들과 함께 울라 (롬 12:14-15)

　슬픈 자와 함께 울고, 함께 슬퍼해 주는 진정한 애도가 사람들을 치료한다. 사랑의 마음이 그들의 슬픔을 녹이고, 다시 회복의 강물이 넘치게 할 것이다. 슬픔에 잠긴 자들을 위로하고 치료하는 하나님의 사랑법이 바로 그것이다.

몇 분 뒤에 마음을 가다듬고 다시 말하기 시작했다.

"제 마음속에는 기쁨이 있습니다. 할머니의 죽음은 우리에게 하나님 나라를 소망하게 하기 때문입니다."

유가족들의 반응은 다양했다. 예수 믿는 사람들은 "아멘"으로 화답했고, 그렇지 않은 사람들은 아마 마음속으로 나를 비난했을지도 모른다. 나는 말을 계속해서 이어갔다.

"한 가지 더 말씀드리면 여러분의 어머니, 할머니는 저 아름다운 천국, 고통이 없고 영원히 죽지 않는 천국, 하나님이 계신 천국에서 영원히 하나님을 찬양하며 계신다는 것입니다. 그리고 그곳에서 여러분을 기다리실 겁니다."

가족과 친척들은 또다시 한참을 울었다. 진정한 위로를 통한 회복은 슬픔의 눈물을 기쁨과 환희의 눈물로 바꿀 수 있다. 함께 나눈 천국의 소망이 그들에게 위로가 되고, 회복케 하는 힘이 될 것을, 나는 굳게 믿었다.

소똥으로 소통(Communication)을

> 제단 위의 불은 항상 피워 꺼지지 않게 할지니 제사장은 아침마다 나무를 그 위에서 태우고 번제물을 그 위에 벌여 놓고 화목제의 기름을 그 위에서 불사를지며(레 6:12)

이제는 장지로 가야 할 시간이다. 온 가족이 기독교 성직자, '예수 중'이 말하는 대로 움직였다. 마치 불교 장례식에서 '불교 중'이 명령하는 대로 움직이는 것처럼 말이다.

나는 특별히 장례식의 집례를 한국어로 진행했다. 통역은 교회 개척자이며 제자훈련학교 간사이자 현재 다르항 예수전도단 책임자로 있는 T목사가 맡았다. 물론 몽골어로 설교나 강의를 할 수 있었지만 종교적으로 민감한 예식이라 통역을 쓰는 게 나을 것 같았다. 마을 주민들은 온통 의심의 눈초리로 나를 바라고 있었다. 외국인이자 선교사인 내가 장례식을 어떻게 인도하는지, 몽골의 문화에 맞지 않는 서양 종교 행위를 하진 않을지 말이다.

몽골어 몇 단어만 실수해도 모든 장례식에 찬물을 끼얹을 수 있는 상황이었다. 아니나 다를까 장례식을 인도하면서 몇 가지 문제점이 발견됐다. 공동묘지에 도착했을 때 수도 울란바토르에서 교회에 다닌다는 V할머니의 언니가 묘지 앞에 향을 피워도 되냐고 내게 물었다. 소똥이나 향을 태워 연기를 하늘로 올리기 위함이었다. 몽골은 옛날부터 하늘 신에게 제사를 드릴 때 그렇게 연기를 올리는 듯했다. 샤머니즘 세계에서 흔히 볼 수 있는 행위였기에 어떻게 이를 기독교 장례식에 접목할 것인지 걱정이 됐다.

"아, 하나님⋯."

나는 어떻게 해야 좋을지 몰라 그냥 멍하니 하늘을 바라보면서 하나님을 찾았다.

"그 연기를 내게 올려주지 않겠니?"

놀랍게도 주님은 내게 이렇게 말씀하셨다. 그래서 나는 그 언니 할머니와 가족 중 예수님을 믿는 몇 사람을 불러 짧게 구약성경의 이야기를 나누었다.

"할머니! 그리고 여러분! 구약시대에 아론은 하나님을 만나는 성막에서 아침마다 향기로운 향을 하나님께 올려드렸습니다. 이스라엘 백성이 하나님께 제사를 지낼 때 양이나 소를 잡아 불태워서 연기를 하늘로 올려드린 이야기를 아시죠? 하나님은 그 연기를 흠향하시고 좋아하셨답니다. 그래서 우리도 이 연기를 하나님께 올려드리면 좋을 것 같습니다."

내 말에 언니 할머니의 얼굴에 미소가 번졌다. 언니 할머니는 즐겁고 기쁜 얼굴로 묘지 주변에 있는 마른 소똥을 모아 불을 피웠다. 할머니는 마치 엄마에게 이 세상에서 가장 예쁜 꽃을 선물하는 어린아이처럼 해맑고 고운 얼굴로 하나님 아버지께 거룩한 연기를 올려드렸다. 그 연기가 푸른 하늘 저편 하나님이 계신 곳으로 흰 구름과 함께 가는 듯했다. 믿는 사람들은 모여서 'V할머니의 영혼을 받아 주시고 우리의 삶을 받아주소서'라고 기도했다.

얼마의 시간이 지났을까. 나는 강력하게 선포했다.

"여호와는 나의 목자시니 내가 부족함이 없습니다!"

모든 믿는 자들은 아멘으로 화답했고, 믿지 않은 사람들은 여전히 묵묵부답이었다. 라마 불교의 중이 집례를 했다면 이 시간에 계속해서 알아들을 수 없는 티베트어로 불경을 외우지 않았을까. 그러나 나는 말씀을 선포한 후에 지난날 여러 장례식에 갔을 때와 똑같이 그들과 함께했다. 흙과 돌을 운반해 무덤을 아름답게 꾸몄다. 그들은 나를 이상한 듯 쳐다보았지만 나는 사랑하는 V할머니의 장례식에 내 손으로 무언가를 하고 싶었다. 함께 울고, 함께 멋있는 묘를 만들었더니 V할머니의 가족과 친척들이 얼마나 고맙게 생각하는지 연실 고맙다는 말을 건넸다.

장례식은 여기서 끝이 아니다. 몽골인들은 장지에서 초상집으로 돌아갈 때 왔던 길로 돌아가면 죽은 영혼이 본집으로 돌아온다고 믿는다. 그래서 반드시 큰 원을 그리며 반대쪽으로 집으로 돌아간다. '죽음의 도시'에서 '생명의 도시'로 가는 길은 새로운 길이 되어야 한다고 믿기도 해서 차들은 먼 곳으로 돌아 이동했다. 산을 넘어 장지가 보이지 않는 곳까지 도달했다.

몽골의 장례식에는 한 가지 풍습이 더 있다. 차와 사람 모두가 다 내려서 길 양옆에 피운 소똥 사이로 지나가는 것이다. 그 이유는 온 몸이 죽음의 도시, 더러운 장소에서 빠져나와 깨끗하게 정화된다는 의미였기 때문이다. 그리고 알코올로 손을 닦고, 흰 사각 설탕을 우유에 찍어 먹으면서 장지의 모든 장례식이 끝난다. 흰색은 거룩함과 정결을 의미한다. 죽음의 도시에서 왔기 때문에 거룩하고 깨끗해져야 한다는 이유이다.

그러나 알탕볼락 교회의 A지도자가 이미 미신적이고 샤머니즘적인 풍습을 모두 금지한 상태였다. 나와 상의 없이 결정을 내려 가족과 친척에게 통보했으니 어쩔 수 없었다. 나는 산을 넘으면서 그 풍습을 대신할 만한 무언가를 찾아야만 했다. 산을 넘어서 공동묘지가 보이지 않는 장소에 도달했고, 모든 차가 그곳에 다 모였다. 유가족과 마을 사람은 늘 하던 마지막 예식을 못했기 때문에 죽음의 두려움으로 짓누르는 듯 했다. 이 상태로 동네에 내려갈 수는 없었다.

폴 히버트Paul Hiebert는 죽음에 대해 이렇게 말한다.

"죽은 자에 대해서는 두 가지 주요한 태도가 있는데, 사회를 떠나 다른 세계에 살든지 그들이 사회에서 계속해서 활동적인 구성원이 된다. 전자에 있어서는 죽은 자의 회기는 바람직하지 않은 것인데, 왜냐하면 그들이 사회질서와 일상생활을 어지럽히기 때문이다. 그러한 문화권에서는 죽은 자는 크게 두려워하는 대상이 되는 데, 따라서 죽은 자를 산 자에게서 분리하기 위해 정교한 신념과 의식의 체제가 만들어진다. 후자에 있어서는, 조상들은 일상생활의 일부로 남는다."　　　　　　　－ 폴 히버트, 『민간종교이해』

시계의 작은 바늘이 막 정오를 넘고 있을 무렵, 태양은 우리 위에서 강렬한 빛을 발하고 있었다. 산들바람 역시 모인 무리 속으로 빨려 들어와 우리가 무엇을 하는지 지켜보고 있는 것만 같았다. 나는 이 상황에서 무언가 해야 했다. 그래서 산꼭대기에서 마을로 내려가지 못하고 있는 모든 사람을 내 앞으로 불러 모았다. 알탕볼락 교회의 성도들이 맨 먼저 내 앞에 몰려들었다. 마을 사람들이 나를 바라보는 표정에는 불안감이 역력했다.

그때였다. 하나님께서 내 마음에 담대함과 지혜를 주셨다. 나는 마을 사람들 앞에 서서 담대히 하나님의 말씀과 평안을 전달하기 시작했다.

"여러분! 우리는 방금 죽음의 도시를 넘어 이곳에 왔습니다."

웅성웅성 대며 서로 의아한 표정으로 말을 주고받던 사람들이 쥐 죽은 듯이 조용해졌다. 새들과 곤충들 그리고 구름, 바람도 함께 내 말에 귀를 기울이는 듯 멈췄다.

"여러분은 이제까지 많은 장례식에 참석해서 마지막 관문인 이곳, 죽음의 도시에서 나올 때 샤머니즘 의식을 행했습니다. 알코올로 손을 닦거나 흰 사각 설탕을 먹고 혹은 불붙은 소똥을 길 양쪽에 놓고는 그곳을 지나가기도 했죠. 그러나 오늘은 그렇게 할 필요가 없습니다. 성령 하나님께서 여러분을 도와주실 것입니다. 저는 여러분이 말하는 '예수 중'입니다. 제가 믿는 성령 하나님은 거룩하신 하나님이십니다. 죽음의 도시에서 나온 여러분을 하나님께서 깨끗하게 해주실 것입니다. 제가 여러분을 위해서 이 시간 간절히 기도하겠습니다!"

장례식에 참석한 사람 중에는 아직도 내가 무슨 말을 하는지 모르는 사람도 있었다. 그런데도 나는 그들을 축복하며 기도했다. 이 축복기도는 라마 불교의 스님이 마지막 염불을 외는 것보다 더 간절했다. 나는 더 담대하게 선포했고, 그들은 아주 심각하게 내 말을 받아들였다.

"죽음과 삶을 주장하시는 성령 하나님! 이곳에 당신이 사랑하는 사람들이 서 있습니다. 저희는 방금 죽음의 도시에서 이곳으로 넘어왔습니다. 이 땅을 거룩하게 하시옵소서. 여기에 있는 모든 고(故) V할머니의 가족과 친척들 그리고 마을 주민들의 머리부터 발끝까지 당신의 거룩함으로 덮어주시고, 자동차의 모든 부분을 깨끗하게 하소서. 또한 참석한 모든 사람의 가정과 직장과 학교에 하나님의 사랑과 평안함이 넘치게 하소서. 악한 사탄의 세력을 예수님의 이름으로 물리칩니다. 예수님의 이름으로 기도합니다."

믿는 자들은 모두가 "아멘"하고 화답했다. 믿는 자와 믿지 않는자 모두의 얼굴에서 불안감이 걷혔고 평안을 찾은 듯 했다. 하나님은 내가 인도하는 장례식에 성령으로 기름부어 주셨다.

기도가 끝나기 무섭게 승합차는 기다렸다는 듯이 사람들을 태우고 즐겁게 춤을 추듯 초상집으로 질주했다. 아침에 장지로 갈 때와는 정반대의 분위기였다. 보통 장지로 갈 때는 차가 시속 5~10km로 가지만 장례식을 마치면 흙먼지를 날리며 빠른 속도로 질주한다.

고(故) V할머니의 집 대문으로 들어가는 순간 잔칫집에 온 것 같았다. 맛있는 음식 냄새와 마당에서 뛰노는 아이들, 아낙네들의 이야기 소리와 손님맞이에 분주한 이들, 울타리 옆에는 잔치에 참석한 손님처럼 소 뼈다귀를 입에 넣고 엎드려있는 개까지 한눈에 들어왔다.

돌아가신 V할머니의 장남은 나를 상석에 앉히고, 함께 식사하기 시작했다. 한마디로 진수성찬이었다. 양고기와 샐러드, 치즈, 어디서 구했는지 포도송이와 수박 등이 탁자를 아름답게 장식하고 있었다. 그간 많은 몽골 장례식에 참석해 봤지만 오늘 같은 장례식은 처음이었다. 하나님께서 인도하셨고 임재하시는 장례식이었기 때문이다.

모든 일정을 마치고 대문 밖으로 나가려는데 돌아가신 V할머니의 장남이 우리를 배웅 나왔다. 그는 그리스도인은 아니었다. 하지만 그는 여동생과 함께 내 손을 꽉 잡고는 감사의 눈물을 흘리며 말했다.

"정말 감사합니다. 이렇게 감동적인 장례식은 처음입니다."

고(故) V할머니의 가족 모두가 T간사와 나를 배웅하며 손을 흔들었다. 그 손은 마치 내게 이런 사인sign처럼 보였다.

'우리도 어머니(할머니)처럼 예수 믿고 영원한 천국에 가서 할머니도 만나고, 하나님을 찬양할 겁니다.'

'우리도 할머니처럼 멋있는 죽음을 맞이할 거예요.'

그날의 사인은 실재가 되었다. 그 후 고(故) V할머니의 가족과 주변 마을 사람들은 자연스럽게 예수를 믿게 되었다. 할머니의 삶과 죽음으로 마을이 복음화가 된 것이다.

나는 다르항으로 돌아오면서 하나님께 그들을 올려드렸다. 장례식을 통해 하나님의 사랑과 은혜를 나누는 게 이렇게 기쁘고 행복한지 처음 알게 되었다.

"하나님, 오늘 흘린 그들의 눈물이 자기 자신을 위한 눈물이 아니라 열방을 위한 눈물이 되기를 기도합니다."

돌아보니 우리 가족은 후회 없는 선택을 했다. 가족의 시간과 휴가를 하나님 앞에 내려놓고, 현지인의 장례식에서 함께 울었다. 하나님께서는 우리 가족의 권리 포기를 통해 상실로 슬픔에 잠긴 한 마을을 온전히 위로하셨다. 이 현명한 선택은 세상에서 가장 아름답고 행복한 선택이었다.

나는 내 가족, 사랑하는 아내 그리고 예진이와 예빈이가 얼마나 자랑스러운지 모른다. 예진, 예빈의 원래 뜻은 예수님의 보배인 '예진',

예수님을 빛낸다는 '예빈'이다. 그런데 예진이와 예빈이 이름을 잘 기억하라고 붙인 뜻이 있다. 예수님께 붙은 진드기 '예진', 예수님께 붙은 빈대 '예빈' 이다. 그래서 아이들의 이름을 부를 때 하나님께 더 가까이 나아가야 한다는 각오가 생기기도 한다.

이 모든 일을 주관하신 하나님께 감사하며 다르항으로 돌아오는 길에 있는 V할머니가 잠든 곳을 바라보았다. 예쁜 야생화가 향기롭게 피어 활짝 웃으며 죽음의 골짜기를 밝히고 있었다.

에필로그

기다림, 그 특별한 약속

"기다려. 나 다시 올게."

가슴이 먹먹했다. 먹먹하다 못해 명치끝이 아리는 아픔도 느껴졌다. 이유도 모르는 눈물이 계속 흘렀다. 결국 영화가 끝나고 엔딩 크레디트도 다 올라갔지만 한동안 일어설 수가 없었다. 영화 '늑대소년'을 보고 난 후였다.

몽골에서 추방되고 얼마 되지 않아 큰딸 예진이와 함께 '늑대소년'이란 영화를 봤다. 그 당시 꽤 인기가 있던 배우 송중기와 박보영이 주인공인 영화였다. 별다른 기대 없이 본 영화였는데, 수년이 지난 지금도 그날의 감동이 여전히 느껴지는 듯하다.

영화 속에 나오는 소녀, 순이(박보영)는 요양 차 가족들과 함께 공기 좋고 물 좋은 시골 마을로 이사를 간다. 그곳에서 뜻하지 않게 늑대소년(송중기)을 발견하게 된다. 그는 야생의 눈빛과 이상한 행동, 헝클어진 머리, 다듬어지지 않은 손톱과 발톱을 가진 선뜻 다가갈 수 없는 늑대소년이었다. 그의 이름은 철수라 불렸다.

순이는 그런 늑대소년에게 왠지 마음이 가고, 그와 소통하고 싶었다. 애견훈련 백과를 보면서 말 한마디도 못하는 늑대소년에게 기다리는 법, 옷 입는 법, 밥 먹는 법 등을 알려주며 조금씩 의사소통이 가능해졌다. 태어나서 처음으로 관심과 따뜻한 손길을 접한 철수에게 순이를 좋아하는 감정이 싹트기 시작했다.

그러던 어느 날 철수 내면에 있던 늑대의 본성이 드러나면서 조용했던 마을이 쑥대밭으로 변해버린다. 마을 사람들은 공포와 두려움에 사로잡혀 철수를 순이네 집 옆 창고에 가두어버린다. 창고에 갇힌 늑대소년, 철수는 순이가 자기를 찾아오기만을 기다린다. 하지만 찾아가고 싶어도 찾아갈 수 없는 상황이 순이의 마음을 더 애타게 한다.

마을 주민에게는 공포의 대상이 되어버린 늑대소년이지만 순이에게는 마음에 위안을 주는, 위험한 존재가 아닌 그냥 사랑이 필요한 소년이었다. 그러나 순이 가족은 위험하다는 이유로 그 마을을 떠나 다른 마을로 가기로 결정한다.

떠나는 날 순이는 철수 손에 작은 쪽지 하나를 남기고 훌쩍 떠나버린다. 늑대소년 철수의 이 간절한 부르짖음을 외면한 채 말이다. "가. 지. 마."

그리고 수십 년이 지났다. 어느 날 주름 많은 할머니가 된 순이는 손녀와 함께 예전에 살았던 집을 방문하게 된다. 그 순간, 예전에 소녀 순이의 마음에 자리 잡고 있었던 철수가 생각났다. 손녀가 자는 사이 철수가 있었던 창고로 가보는 순이. 희미한 불빛이 마치 사람이 사는 듯 보였다. 조심스럽게 다가가 창고 문을 여는 순간, 이게 웬일인가! 수십 년 전에 함께 있었던 철수가 그 모습 그대로 미소를 머금고 그 자리에 앉아 있는 것이 아닌가.

몇 십 년을 약속대로 순이를 기다려 온 것이다. 철수는 소녀 순이가 건네준 쪽지를 다시 할머니 순이의 손에 쥐여 준다. 순이는 그 쪽지를 보자마자 그것이 바로 그 옛날 자기가 써준 쪽지임을 알아차린다.

"기다려. 나 다시 올게."

다시 오겠다는 약속 하나만 믿고 수십 년을 기다린 늑대소년 철수를 보며, 언제나 하염없이 나를 기다리시는 하나님이 떠올라 눈물이 멈추질 않았다. 영화 속에서 철수가 "가. 지. 마"라고 말할 때 하나님께서 내게 말씀하시는 것 같아 마음이 너무 아팠다.

그동안 어려운 상황들이 나를 덮칠 때 어쩔 수 없어 하나님을 외면한 적이 있다. 여러 가지 이유로 하나님께 "죄송합니다."라는 말을 남기고 뒤돌아섰던 일도 떠올랐다. 내가 좋아하는 것을 찾아다녔고, 내가 하고 싶은 것을 하며, 내 맘대로 결정하고 추진해간 적도 많았다. 하나님의 음성을 듣지 않고, 하나님을 기다리지 않고, 사역을 진행한 적도 있었다. 그러다 실패했다.

그러나 상실감과 자괴감에 사로잡혀 있는 나를 기다리는 분이 계셨으니, 바로 우리 하나님 아버지셨다. 그분, 나의 하나님 아빠에게 찾아가니 여전히, 변함없이, 두 팔을 벌려 폐인이 된 나를 안아주셨다. 어느 찬양의 가사처럼 큰 산 같으신 주님은 언제나 그 자리에서 우리를 기다리신다. 우리를 위한 변함없는 사랑으로 말이다.

몽골에서 추방되어 나온 지 얼마 되지 않아 실패감은 더 깊었고, 우울증이라는 놈이 내 삶을 꽁꽁 묶을 기세였다.

"하나님, 죄송해요. 이제 못할 것 같아요. 옛날의 제가 아닙니다. 많이 변질되었습니다. 그리고 선교지에 다시 못갈 것 같아요. 그냥 이곳에서 평범하게 살게요. 그리고 나중에 거기, 그 위에서 봬요."

나는 하나님 품에 안겨서 이렇게 중얼거렸다. 하지만 하나님은 나를 꼭 안아주시면서 귓속말로 속삭이셨다.

"아니야, 넌 여전히 사랑하는 내 아들이다. 그리고 많이 보고 싶었다. 널 기다리고 있었어."

기다림은 특별한 약속이고, 아름다운 은혜이다. 사역자로 살아온 30여

년의 세월이 가르쳐준 진리가 이것이다. 하나님께서 우리를 멈추게 하실 때는 분명 그분의 뜻이 있으며, 선한 계획이 있다. 우리는 그저 믿고 기다리기만 하면 된다.

하나님은 언제나 우리를 기다리신다. 우리가 어떠한 상황과 처지에 놓여있더라도 그분에겐 아무런 문제가 되지 않는다. 지금 이 순간도 그분은 우리를 기다리신다. 푸른 초장과 쉴만한 물가가 있는 영원한 안식처에서 말이다.

마지막으로 지난 30여 년간 연약한 나를 믿고 열방을 맡겨주신 나의 아버지께 무한한 영광을 돌린다. 약한 자를 들어 강한 자를, 우둔한 자를 들어 지혜로운 자를 부끄럽게 하신 하나님, 그분이 내 모든 삶과 사역의 주인이셨음을 다시 고백한다. 그리고 하나님의 역사를 일으키고 이름도 빛도 없이 사라진 현지인 사역자들, 그들의 고귀한 헌신에 머리 숙여 깊은 존경과 감사의 마음을 전한다.

하나님의 역사는 오늘도 계속된다. 우리는 잠잠히 그분을 기다리면 된다.

이제부터 "우선멈춤!"

참고문헌

- 란다 콥, 『나라를 제자 삼는 하나님의 8가지 영역』(예수전도단, 2010).
- 강준민, 『엘리야의 기도』(넥서스CROSS, 2015).
- 랄프 윈터, 『미션 퍼스펙티브』(예수전도단, 2000).
- 유진 피터슨, 『목회자의 영성』(포이에마, 2013).
- 강준민, 『기다림은 길을 엽니다』(토기장이, 2012).
- 팀 켈러, 『왕의 십자가』(두란노, 2013).
- 홍성건, 『하나님이 보내시는 사람』(예수전도단, 2005).
- 빌 존슨, 『예수의 권세를 땅에 풀어 놓아라』(쉐키나, 2010).
- A. W. 토저, 『Holy Spirit』(규장, 2006).
- 찰스 E. 벤엥겐, 『하나님의 선교적 교회』(CLC, 2014).
- 로렌 커닝햄, 『하나님 정말 당신이십니까?』(예수전도단, 2015).
- 아서 F. 글라서, 『성경에 나타난 하나님의 선교』(생명의말씀사, 2016).
- 밥 베킷, 『지역을 바꾸는 기도』(예수전도단, 2002).
- 홍성건, 『하나님이 찾으시는 사람』(예수전도단, 2008).
- 존 트렌트, 게리 스몰리, 『축복의 언어』(프리셉트, 2009).
- 폴 히버트, 『민간종교이해』(한국해외선교회 출판부 역간, 2005).

우선멈춤

| 지은이 | 박해영 |

2018년 5월 8일 1판 1쇄 펴냄
2019년 3월 4일 1판 4쇄 펴냄

펴낸곳	도서출판 예수전도단
출판 등록	1989년 2월 24일(제2-761호)
주소	서울특별시 마포구 성지 1길 7 (합정동)
전화	02-6933-9981 · 팩스 02-6933-9989
전자우편	publ@ywam.co.kr
홈페이지	www.ywampubl.com

ISBN 978-89-5536-566-5

책값은 뒤표지에 있습니다.
잘못된 책은 바꾸어 드립니다.